温情与敬意

走近父亲钱穆

钱行————著

九州出版社
JIUZHOUPRESS

图书在版编目（CIP）数据

温情与敬意：走近父亲钱穆 / 钱行著. -- 北京：
九州出版社，2020.3
ISBN 978-7-5108-8884-7

Ⅰ. ①温… Ⅱ. ①钱… Ⅲ. ①钱穆（1895-1990）—
传记 Ⅳ. ①K825.81

中国版本图书馆CIP数据核字(2020)第052002号

温情与敬意：走近父亲钱穆

作　　者	钱行　著	
责任编辑	周弘博	
出版发行	九州出版社	
地　　址	北京市西城区阜外大街甲 35 号（100037）	
发行电话	（010）68992190/3/5/6	
网　　址	www.jiuzhoupress.com	
电子信箱	jiuzhou@jiuzhoupress.com	
印　　刷	三河市兴博印务有限公司	
开　　本	880 毫米×1230 毫米　32 开	
印　　张	11.25	
字　　数	240 千字	
版　　次	2020 年 8 月第 1 版	
印　　次	2020 年 8 月第 1 次印刷	
书　　号	ISBN 978-7-5108-8884-7	
定　　价	58.00 元	

▲ 钱穆先生

▲ 少年时代的钱行（本书作者，钱穆次子）

自 序

开始读父亲的书，大概是在1980年前后，也就是我将近五十岁的时候。

在我上小学、初中时候，也就是抗日战争期间，父亲在大后方，我们在沦陷区，记得那时，我们会给他写信（其实不是记得，而是后来父亲去世，台湾编《钱宾四先生全集》（以下简称《全集》），我也参加遗稿整理的工作，有一部书稿，当时就是写在从沦陷区寄过去的家信背面。正面的书稿，就是后来编入《全集》的《读史随劄》；背面的书信，其中就有母亲和都在上小学的我们兄弟几人所写的家书，这样才使我有了这写信的记忆）。后来抗战胜利，父亲回到家乡，在无锡江南大学任教，先兄曾随父亲就读于江南大学，我和弟弟妹妹，仍随母亲在苏州。那时，我虽然在读高中，应该是能读一些书的，但是也还没有读过父亲的书，倒是读鲁迅、高尔基等的书多一点。在这以后，就是父亲到香港办学，大陆批判白皮书，牵连到胡适、傅斯年先生和父亲等等。所以开始读父亲的书，要到1980年前后了。

读父亲书时，读到一处，是父亲讲学时的"题外话"。原文在现台湾版《全集》52 册之《讲堂遗录》"经学大要"第十四讲里。大意是说，今天你们来听我讲演，但是带了许多别人来，就听不进我的话了。《庄子》中有一段"南荣趎见老子"，老子说："子何与人偕来之众也？"你怎么带了一大堆人来呢？诸位到我这里来，心中不知带了多少人；不仅带中国人，特别是还带来一大群外国人。有这一群人在你脑子里，你有什么办法来听我讲课？我开始读父亲的书时，其实就是这样的情形。从 1949 年到 1980 年，其中读了许多东西，脑子里有许多人；在以后的读书学习过程里，自然会发生一个此消彼长的情形。这或许也会反映在近几十年所写的文字中吧，本书所收各篇，正部分体现了这一消长变化。

父亲逝世，我写了《最后的孝心》一文，说是"三年无改于父之道"，其实当时对父亲之"道"，是连一知半解也不够的，所以提出三年读书的打算。但是，如上所述，这里面其他人造成的阻力还是大大存在的。所以，前几年开始准备集各文为一个集子时，起的书名就是《走近钱穆先生》，"走近"正表示这个消长的过程，而且所收各文，都是以笔名"毕明迩"——以一个读者身份发表的。这一次，增添了一些用真名写的纪念文字和杂志记者采写的访谈记录，这原拟的书名就有点不合适了。

父亲那本《读史随劄》，写于抗战期间，先祖母去世之后。原题为《思亲疆学室读书记》，并且撰有《思亲疆学室读书记序》（刊于民国三十年四月《责善》半月刊二卷一期），但是，全书当时并未编成出版。父亲晚年曾编定目录，改题为《读史随劄》，因收罗未全亦未能付梓。在编辑《全集》时，才最终结集成《读史随劄》，原《思亲彊学室读书记序》一文，则移以作为此书的代序。父亲在这序里说，"计惟有勉力彊于学，虽不足以报深恩于万一，亦姑以寄孤儿荼蘗之心。继自今当署吾室曰'思亲彊学之室'。"现在，本书所收各文，十之九写于《最后的孝心》一则之后，虽然有些以笔名出之，心中实未尝丝毫忘此孝心也。故将书名改题为《思亲补读录》，亦以志孤儿荼蘗之心于万一也。并以"走近父亲钱穆"为副标题，以示呼应初宗。全书中对父亲的称谓，或称"父亲"，或称"钱穆先生"，则是保留了各篇写作、发表当初的原样，亦特此说明一下。

回想父亲逝世的次年，继母大人在台湾《联合报》上，按照父亲的遗愿，写了一篇《时代的悲剧——钱穆先生和他的子女》，这篇长文有一节是说1984年父亲和我们在香港见面的事，大意说，父子儿孙相聚，盼望能给宾四带来些安慰，但是他总显得情绪落寞，有时就独自离群而去。他认为"当年父子异途，他独自流亡海外，儿子们以大义相责。当时国家天翻地覆，个人的利害、得失、悲喜、成败，早已不在他心上，也无需作何解说"。可是，时至今天，是非对错，已经摆在眼前，父子相见，做儿子的岂可对过去没有一句话交代？"他要知道，分别几十年后的今天，儿子们早脱离了不成熟的中学生时代，对他这个父亲又是如何看法？"可是，我们当时见不及此，没有对父亲做出他希望的交代。直到后来写那《最后的孝心》时候，才做了一点说明，真是悔之晚矣。以后陆续写的这些"思亲补读录"，真能弥补这时代的悲剧于万一吗？

当年编《全集》时，我负责的只是《读史随劄》这一部分，其他部分当时只读过很少，直到今天，对于父亲的全部著作，也还是读过的少，没读过的多，读过的部分也不能说全理解。但是写的笔记则是觉得有所得而写的。希望继续晚学补读，能写出更多更好的文字来。

钱 行

二〇一一年五月十一日八十初度

以上自序还是二〇一一年《思亲补读录》初版时所写，现在这书重印，添加了一些文字，[①]换了一书名，那老的自序仍和老的文字一样继续存照吧。

---

① 编者注：新增篇目在目录中以"*"号标识。

目　录

第一部分 只鳞片羽

幼生金匮让皇山啸傲泾　让与傲习成性

老住台湾士林区外双溪　士而双享余年

——钱穆自撰春联

怀念父亲钱穆

1990年8月30日，接到从台北传来的噩耗，得知家父钱穆先生9时许在家中谢世，不禁悲从中来，肝肠寸断。我1984年与父亲在香港会面以后，总希望有朝一日能侍奉左右，聆听教诲，尽人子之责，但这样的日子永远不会再有了。

父亲一生为学不厌，诲人不倦，著有《先秦诸子系年》等书七十余种。晚年他视力衰退后，把最后一部七十五万言的著作命名为《晚学盲言》，目虽盲而仍要学。他的治学精神是留给我们子女与国人最宝贵的财富。

不论环境如何艰难，学术上怎样忍受孤独，受到批判，或者得到荣誉和颂扬，父亲始终自然率直，从来不哗众取宠，无意世俗名利。他把自己的一生，投入到对历史文化的挚爱之中了。

恂恂一介儒者 教学备受推崇

我们家世代书香，祖居无锡七房桥一个五代同堂的大宅。但

◀ 20 世纪 30 年代的青年钱穆

　　到父亲这一代，日子过得十分艰难。父亲十二岁丧父，中学毕业后，知道无望进大学深造，乃刻苦自学。他毕生从事教育事业，从教小学到中学、大学。据说他执教之时，一口无锡官话，讲课生动，两眼炯炯有神，居然把学生们都吸引住了。没有人会打瞌睡的。当时有"北胡（适）南钱（穆）"之说。胡适有开创学风之功，而钱穆以学识渊博备受推崇。

　　父亲一直以继承祖国传统文化为自己的职责，围绕中华文化、民族精神为中心进行教学和研究，十六岁时，他读了梁启超的《中国前途之希望与国民责任》一文后，心灵上激起极大的震动。他不是走政治救国的道路，而是转入了历史研究，希望更深入地在中国历史上寻找中国不亡的根据。这个思想一直贯穿在他之后八十年的历史研究中。如他在抗战最艰苦阶段出版的重庆版《国史大纲》的扉页上写道："本书将奉献于前线抗战为国牺牲的百万将士。"可见，父亲不是为学术而学术的人。在那个年代，他就多次演讲，激励民族感情，振奋军民士气。

1935 年 10 月，父亲和顾颉刚先生、钱玄同先生等百余人，上书国民政府，要求早定抗日大计。1949 年春，他应私立华侨大学之聘去广州后，又应张晓峰先生之邀至香港办学。那时香港环境复杂，人们关心的都是政治和军事，但父亲和唐君毅先生等却在 1950 年秋创办新亚书院，这是当时唯一的一所不牟利的学校，学生近百人，大多免费入学就读。

新亚书院是以儒家教育理想为宗旨的，校内挂孔子像。1954 年起得到美国雅礼协会资助之后，父亲提出，雅礼协会可派人驻校联络，绝不能过问校政。新亚书院新校舍落成后，雅礼协会代表建议在孔子像边挂耶稣像。父亲说，新亚不是教会学校，断然拒绝。

1963 年，香港政府集新亚、崇基、联合三书院成立香港中文大学，父亲觉得办学和研读不能兼顾，决定引退，随后赴马来西亚作短期讲学，后因香港秩序混乱，迁居台湾，那已是 1967 年了。

分离三十二载 香江三代团聚

"文化大革命"中，我们和父亲的联系中断了，也不知道父亲去了台湾，一直到粉碎"四人帮"以后，才恢复了联系。父亲和我们分离得实在太久了，他再也抑制不住和子女见面的愿望，1980 年夏，继母胡美琦女士很快帮我们办了去香港的手续。当时每天因私出境的名额很少，我们兄妹一下子要走五个，难度很大，但在有关方面的特别照顾下，总算批准了四人。

1980 年 8 月底，大哥、三弟、小妹和我终于通过罗湖桥海关，坐上了去香港的列车，当时心情很是激动。当年父亲离家时我只有十六岁，那时我们住在苏州娄门小新桥巷的耦园，父亲在无锡江南大学教书，课后就回到苏州家里，就在那小小书房里写作。我们走过书房时，总怕弄出声音打扰他，至今这一情景仍历历在目。父亲不苟言笑，在我们的心中始终是严厉的。从地铁出口处出来，我们还在东张西望地寻找，继母却先凭着照片认出并招呼了我们。在继母旁边站着一个身穿长袍的老人，这就是与我们分开了三十多年的父亲。

为了避免新闻记者的注意，继母特地把我们的住所安排在一所旅游饭店的高层，父亲患有青光眼，视力模糊，他常走到我们身边，从近处审视我们每一个人。他的确还把我们当作孩子，每天先自己正襟危坐，然后令我们挨次坐下。他问我们每个人的经历、生活、读什么书，当他知道我们兄妹是小学、中学、大学教师时，十分高兴，连声说"很好，很好"。知道十个孙子和外孙都在重点中学和重点大学读书时，更是眉开眼笑。当谈到我们曾遭遇过的艰难困苦时，他唏嘘说："吃点苦没有什么，我希望你们做好一个中国人，用功读书做学问。"他又说："我对你们也没有尽到责任，尤其对小女儿，总觉得对她很惭愧。"他离家的时候，小妹钱辉只有九岁。这次来港，父亲和继母对她特别的好。

在相处的短短一星期中，父亲还给我们讲中国历史，教导我们做人治学的道理，几乎每晚都要谈到十二点以后。有时午睡了，他刚进卧室躺下，忽然又走到我们房间，讲起他刚想到要关照我们的话。所有的爱、所有的期望，溢于言表。

半年以后，堂兄钱伟长和大妹钱易去香港访问，父亲和母亲再次从台湾去香港和他们见面。这样我们兄妹五人都和父亲见面了。堂兄伟长自小跟着父亲在苏州、北京读书，叔侄的感情很深。

过去父亲给我们的信，都是继母代笔的。我们只是熟悉她娟秀的字迹，并不了解她的为人。我们这次来香港，继母安排得非常妥帖。她对我们亲切和理解，在香港的几天中，我们之间好像

▲ 父亲与继母钱胡美琦伉俪情深。

▲ 1984年夏，为庆贺父亲九十华诞，我们兄妹四人（大哥钱拙已不幸于两年前谢世）与长房孙钱松和长孙女钱婉约，赴香港中文大学，参加中文大学师生及亲友们的庆祝活动，与父亲继母一起共度了一个月的宝贵时光。从左往右：钱松、钱辉、钱行、钱穆、钱胡美琦、钱逊、钱易、钱婉约

一下子缩短了距离。

　　继母原是江西南昌的一位世家小姐。曾就读于厦门大学，后去香港，在新亚书院读了一年书。这时父亲孤身一人在香港办学，他不善料理生活，常发胃病。那年香港奇热，他睡在教室的地板上呻吟，使人十分同情。1952年4月父亲应邀去台北，14日，在淡江文理学院新建的惊声堂内，为联合国中国同志会讲演，不料屋顶大块水泥坠落下来，父亲头顶受伤，后去台中休养。当时继母在台中图书馆工作，得知父亲在台中，每日下班后便去探视，为父亲烧晚饭，星期日一起去公园散步，他们逐渐建立了感情。后来继母去台北师范大学读书，1956年毕业后，便

去香港和父亲结婚。

继母是父亲真正的知己。父亲晚年视力甚差，但他字字工整，展纸落笔偶有重叠，必须继母诵读后增补修改，真可谓一丝不苟。父亲晚年数百万言的书稿就是这样整理完成的。而继母自己也在百忙中完成了四十万余言的学术著作《中国教育史》，因而我们对她由衷地尊敬和感激。

第一次和父亲在香港见面四年后，父亲九十岁生日，香港的朋友和学生们为父亲祝寿。在金耀基等先生的帮助下，我们再一次去了香港。这时大哥钱拙已因病去世，他是苏州大学物理系教师，从小聪颖能干。他的去世对年迈的父亲是一个沉重的打击。他亲自给大哥的儿子钱松写信，要他学习伯父钱伟长。钱伟长也是少年丧父，依靠自己努力而学有所长的。去香港祝寿时，我们带了两个孩子，一个是钱松，他代表大哥一家；一个是我的女儿婉约，她在北京大学中文系读书，学习中国古典文献专业，是孙辈中唯一读文科的，由于这个原因，她得到爷爷奶奶的特别青睐。

这次，我们住在香港中文大学。祝寿活动热烈而隆重，新亚校友特别安排了一天时间参观了最初的桂林街校址，以及其后的农圃道校址，回忆当年新亚发展的历程，大家唱起了父亲作词的校歌："手空空，无一物；路遥遥，无止境……艰难我奋进，困乏我多情，千斤担子两肩挑……"我们开始懂得父亲创办新亚书院是提倡做堂堂正正的中国人。弘扬中国文化，正体现了父亲对中国文化的深情，对民族前途命运的信心和责任感。

钱松那时正在清华大学学习，一心想出国留学，未经爷爷的同意，自己向香港的先生们打听。父亲知道了，严肃地对他说："我是不会托人帮你们其中哪一个出国的，你们出国要靠自己努力。"钱松听从祖父的教导，后来考取了南京大学研究生，不久由校方派去美国访问学习一年。

这次香港一家三代团聚，使父亲非常高兴，有时说着说着会哈哈大笑起来。他的《师友杂忆》中写道："余以穷书生，初意在乡里间得衣食温饱，家人和乐团聚，亦于愿足矣！乃不料并此亦难得。"父亲对骨肉离散的痛苦，比我们深刻得多！

钱易台湾探亲　父女情深似海

1988年初，父亲生了一场大病，两个月不能起床，也很少进食，我们知道了都非常着急。正好这时，台湾当局开放大陆赴台探亲的政策，大妹钱易正在荷兰访问学习，马上提出申请，第一个得到通知批准去台湾探亲。11月的一天，钱易终于飞越阻隔骨肉同胞四十载的台湾海峡，来到了父亲的身边。

那天，父亲早早就在楼廊的藤椅里等着了。当钱易叫着"爸爸，女儿来了，女儿来看望你了！"扑向父亲时，父亲顿时满脸笑容，拉起钱易的手连声说："好，好，你终于来了。"当晚，他即下楼与家人一起用餐，饭后又问苏州、北京儿女们的情况，父亲的胃口一天比一天好，又开始和客人们论古谈今了。第七天，他要钱易为他准备纸笔，伏案写作起来。他下笔的手劲大、动作快，有时一次可写两个小时，得十来页文字。

钱易在台北时，父亲见她总在家陪着他，就关切地说要她出去玩玩，但当他睡觉醒来又常问继母："我的女儿在哪里？"晚上，有时钱易在卧室陪伴，一听到有动静马上起身伺候。父亲抚摸着她的手臂，柔声说："去睡，别着凉。"有一次钱易为他擦背，父亲连声说："好舒服哪，这是我的女儿第一次为我擦背！"钱易被感动得满脸泪水，喉咙头哽咽着说不出话来。

但是这短短的天伦之乐，也被蒙上了浓重的阴影，钱易在台北住了一个月不到，就被猜疑指责，污蔑她涉嫌叛乱，法院还送来了传票，家中敲门声、电铃声不断。父亲生气地说："他们究竟要把你怎样？这些人已完全放弃了中国的文化传统，他们不能理解我的女儿怎么会从这么远的地方来探望父亲，他们是不承认父女之间亲情的。"最终父亲作出了要钱易提前两天离台的决定。离台的那天下午，一家人一起拍照时，父女还勉强露出笑容，但当钱易向他鞠躬道别时，他的面容立即凝重起来，不说一句话。

后来法院又"不予起诉"，此事不了了之。

父亲生前一直怀念大陆，怀念故乡，他把他在台北住的房子题为"素书楼"。因为他小时候住在无锡七房桥大宅第三进的素书堂。他喜欢回忆在苏州耦园度过的时光，那里的书房虽小，但他却在这个书房里完成了历史地理著作《史记地名考》。书房外，花园、池塘、假山俱全，他问我们："现在这房子怎样了？"我告诉他，已辟为旅游景点，他点头说："很好，很好。"他讲起在江南大学任教，常雇小舟荡漾湖中，饱览太湖绮丽风光时，一脸喜悦；谈到游览泰山、庐山的情景更是动情。有时他长叹一声："我是看不到了。"不禁流露出无限眷恋的心情。

父亲到台湾后，先住在台北金山街，后来当局拨公款为他在外双溪临溪路造了一幢二层楼的小洋房，父亲将其题名为素书楼。素书楼背山临溪，有竹有松，园虽不大，别有风致，父亲著书之余，常在园中散步、种花、吹箫、弈棋、打太极拳。他和继母在素书楼住了二十多年，一花一草一木，都是父亲和继母亲手栽种培育的。1988 年，忽然有人提出素书楼没有租约又不付租金，凭什么借用，要父亲搬迁，后经调查后才清楚这是经过批准的，借用属于合法。但到了 1989 年，又有人提出这件事。他淡然说："不要被人误解为享受特权，搬就搬吧！"于是他在《中国时报》发表了退出素书楼的声明，说自己仅是一学人、一教师，亦未参加过任何现实政治活动，素书楼应和一般的政府宿舍有所不同。他说我已九十又五，没有精力与人明辨是非，生平惟服膺儒家所论士大夫出处进退辞受之道，人各有志，余亦惟秉素志而已。他表示只想过平静的生活。第二年夏，他在台北杭州南路买了一套公寓，搬离了素书楼。父亲到了新居后，仍念念不忘素书楼的家，说新房子没有树，生活不适应，他体力日差，记忆衰退，也很少说话，一直到他去世。

西山风景独好 魂归故土安葬

父亲去世以后，我的两个侄子钱军和钱松代表大陆的儿孙们往台执孝子之礼。堂兄伟长悼词曰：

燕山苍苍，东海茫茫。呜呼我叔，思之断肠。幼失父怙，多赖提携。养育深恩，无时或忘。国学根深，闻名远邦。桃李万千，纷列门墙。忧国忧民，渴望富强。骨肉暌离，分隔两方。人道何如？含恨泉壤。海峡未通，此心怏怏。家国团圆，并非梦想。心驰台北，魂牵灵旁。挥泪哀悼，伏维尚飨。

父亲生前曾经表示，如果人不能回去也要葬回去。为了实现父亲的遗愿，我们兄妹都急着为他觅一归宿之地，尽我们最后的孝心。父亲生前在苏州、无锡教过书，两地的乡亲和学生们都欢迎父亲归来。我们首先选中了胥口乡墅里镇。这里的居民生活富裕，交通方便。继母说，那里风景虽好，但太繁荣而失去清静，不是适合读书的地方。

1990年11月，继母专程来大陆择茔地，堂兄伟长夫妇和小妹钱辉全程陪同。他们先找了无锡马山，那里环境优美，眺望太湖，天水一色，极目千里，继母对钱辉说，这里固然好，但却富帝王之气，而你父亲只是个读书人，恐不合适。后来到了离七房桥不远的鸿山，这里山上有吴泰伯墓，东有梁鸿、孟光墓。继母说："鸿山虽好，却有古迹，你父亲怎能去占一席之地呢？"接着又到了苏州吴县的东山，县领导说，这里果园极好，春天万紫千红，秋天硕果累累，生活设施齐全，有空地可供选择。但继母不愿意要公家的土地，又到了西山的四墩山选地。四墩山密密层层都种满了茶树、橘树、枇杷和杨梅。继母攀到半山，停下来说："山上再好，我也不能选，这条路太窄了，为了建墓把路拓宽，要砍多少树啊，怎能叫老百姓受这么大的损失呢！"这时大家看到了前边一个山头距太湖更近，风景更好，叫石皮山。

继母说，这里的风景和他们在九龙沙田的和风台5号所见相似，她和父亲在楼廊上观海赏月的时候常常提起太湖，谈起将来有一天要在太湖边上建一小屋安度晚年。

继母终于下了决心：择地西山镇秉常村俞家渡石皮山。1991年4月，她再一次来到西山办理建坟手续，并在墓地附近造了几间房子，说要父亲从自己的屋子走向墓地。小屋里备了很多书，继母说，她和学生们会常来大陆探望父亲。

父亲西山墓中，陪伴他长眠地下的，有他一生各个时期的著作多种，这些书是他心血的结晶，也是他留给子孙及国人的宝贵遗产。近闻北京商务印书馆今年将再版台湾商务印书馆的《中国文化史导论》和《国史大纲》的新版本；父亲生前在台湾建立的一个基金会准备筹款购买一批父亲的著作，分送有关学校，这当是对他一百周年诞辰的最好的纪念吧！现在父亲永远在我们身边了，什么力量都不能使我们再分开。

（本文原题为《父亲钱穆，夕照情浓》，载于《上海滩》1994年第4期，为该刊记者据访谈录整理成文，此次收录，略有删节）

我与父亲

我不满十岁时，在小学读书，记得父亲自述"只身离母遄返后方，先母率诸孙自园送余至大门"，时在 1940 年的初秋。他这次迫不及待地告别苏州、告别家人，不能继续那在楼上"补读旧书"的宁静生涯，原因不言自明。祖母和母亲对儿孙说，他们知道他了，要他去做官，不走不行了。我虽年幼，但也懂得"他们"二字的含义：日寇和汉奸。

父亲走后，我家仍旧住在苏州耦园，后来我在范庄前范氏义庄的崇范中学读书，每学期的日语课总是不及格。那时的日语是作为主课，不及格是要留级的。因此，每逢暑假，我都必须到校长室去补考。校长是胡达人先生，他在无锡三师和苏州中学都和父亲同事；父亲在苏州中学执教还是胡先生举荐的。他因不愿在日伪公立学校教书才来执掌这所私立学校。他很了解我们这些日语不及格学生的心情，每次补考的题目，完全几年一贯制：默写五十一个片假名。就这样简单容易，我还是每年默不出。结果倒也相同，每年补考成绩都是 60 分。表面看，胡校长特别照顾老同事儿子，恐也不尽如此，也应是胡先生自己内心情感立场的表示。

抗战胜利后，父亲回苏，又在耦园和家人共聚了一个时期，接着又去昆明、无锡教书，以后就经广州到香港去了。1950 年，父亲在香港创办新亚书院，来信要我们弟兄三人赴港就读。这时大哥和我均已参加工作，三弟也考取了北京清华大学，因此，决意不去。我们都认为父亲之去香港，肯定是一种不爱国的表现，我们革命青年岂能也走这条路！我们回信时还附了一张剪报，颇有用报上的话来表达的意思。

那时读了评"白皮书"等文章，我曾认为既然胡适、傅斯年和钱穆三人并论，大概父亲也是司徒雷登之流培养出来的。后来才知道父亲并非教会学校出身，也没有留学美国。他辛亥革命前在常州中学读书，未毕业即转南京锺英中学，不久武昌起义，学校停办，又未毕业。他于是回乡在小学教书。从此刻苦学习，终于"自学成材"，由教中学而到教大学，成为知名学者。他事实上连中学毕业的文凭也没有。

这里可以加一段插话：人们都知道燕京大学的 M 楼和 S 楼是因为父亲的提议而改为穆楼和适楼的。因此有人误传如今北大的未名湖（当时是燕大）也是父亲提名的。其实是误解了父亲在《师友杂忆》中的那段话。原文说："园中有一湖，景色绝胜，竞相提名，皆不适，乃名之曰'未名湖'。此实由余发之。"这"由余发之"四字，照我看，不过是说湖名之议，是由他提议改名才引起的，不是说是他提的名。

几年前，国内出版了父亲的《八十忆双亲 师友杂忆》一书。

◀ 1938 年摄于北平东安市场明明照相馆。后排为母亲张一贯，前排右起大哥钱拙、大妹钱易、作者钱行、三弟钱逊，时小妹尚未出生。

我大哥因随父亲在无锡江南大学读过一年书（后因学潮被开除），了解一些江大的情况，见书后就去信问父亲，为什么有些事没有写上？父亲回信说："我并不是想起一件事就写一件事，而是要通过记忆中的杂事说明某些问题。所以，此一事应和他一事联系起来看；此一书应和他一书对照起来读，这样才有收获。（大意）"原来父亲即使"杂忆"也是有选择、有用意的。我想，父亲在燕大的一些事与在香港办新亚书院的许多事都应当联系起来读。我在派出所工作时给他的回信虽然很"革命"，其实是很幼稚的。以致他在 1980 年由台赴港，要我们兄妹四人同去香港会面时，曾经担心我不肯去。正好那时我下放苏北还未回城，必须先回苏州办手续后，才能成行，所以，进展就迟了一些，直到父亲见我真的到了他身边，他还说："我真怕你不愿到香港来看望我这'不爱国'的父亲。"

父亲在八十五岁时寄来一张过年时拍的照片，背景上有一副手书的对联：

书剑飘零 吾身为报国为偷生 满心愧耻终何事

云山缥缈 大陆是天堂是地狱 尽日瞻望竟忘年

他 1949 年到香港，1967 年赴台湾，四十年间育人无数，著作等身，然而他还说"满心愧耻终何事"，还关心着"大陆是天堂是地狱"，以至"终日瞻望竟忘年"；回想在香港会面时父亲对我们的教诲，"读书的第一要义是要明白做人的道理"，我们在大陆这许多年，恐怕值得满心愧耻的事要比父亲多得多了。

近年来父亲的一些著作屡在大陆重印，有的报刊还组织作者写了父亲的长篇传记，公开发表。他的孙女（我的女儿钱婉约）读了祖父的著作，写了论文也将在大学校刊发表。显而易见，大陆不是地狱。当然，要使大陆成为天堂，尚须努力。这几年，但凡回苏探亲的台湾同胞，只要回到台北，父亲总要再三问及苏州的山山水水、苏州的园林、苏州的人……如何将苏州建成真正的人间天堂，应该是我们和父亲的共同理想、共同愿望。

最后的孝心

父亲离开苏州去广州、香港时，我只是一个中学生，对父亲的道德文章，了解是不多的。1949年离开学校踏上社会，父亲曾从香港来信让我们去香港继续学业。正在这个时候，报上发表了一篇文章，其中点名指责父亲，说他是不爱国的、卖国的。因为受这篇文章的影响，我没有接受父亲的安排去香港求学，甚至还把这篇文章寄给了父亲。

因为父亲在香港这一原因，我曾一度失去工作，小妹也曾失去一次去国外学习的机会。这些都是50年代的事，60年代的"红色风暴"中的那些事，是更不能提了。直到1980年，我们兄弟姐妹四人到香港和父亲会面前不久，我还"下放"在苏北农村，可以说是借着探亲的机会，才终于完成了回城的手续。也是因为这，兄弟姐妹几人中，我是最后一个去信告诉爸爸决定要去香港的。爸爸还因此认为我仍然因为他"不爱国"，而不愿去香港呢。

"文革"的动乱过去之后，许多过去的错误得到了纠正。

1980 年和 1984 年两次亲聆庭训，一个多月的团聚，父亲"不爱国"这个问题对于儿子是不复存在了，但是周围不明真相的人还多。这时我萌发了一个念头：应当在报刊上介绍一下父亲的爱国。这一件事，想来容易做来难。有的文章，编辑通过了，主编又否定；有的文章虽获发表，却被改得面目全非。有一篇文章中，我引用了父亲的一副春联，下联有"大陆是天堂是地狱，尽日瞻望竟忘年"一句，我文章中认为，这表示了父亲晚年对大陆情况的关心，而发表时却被加上"虽在问大陆是天堂是地狱，毕竟表现了一种乡土之情"，好像责怪父亲不该怀疑"大陆是天堂"而提出"是地狱"的疑问。只好去信声明更正，并另外写文批评这种做法。

近几年，大陆也出版了一些父亲的著作，但是品种数不多，印数也不多，多数年轻人对父亲全不了解。即使是中学老师，对父亲的了解有的也只限于 1949 年那篇文章中的那一句话。宣传和弘扬父亲的学术、理想，当然是我所力不能及的，但是自己多读一些，读好一些，在孩子和学生中讲讲，我是要努力这样做的，也算最后的一点孝心吧。

四十年来，亲聆庭训的机会也只有两次，一个多月的时间。随侍左右略尽孝心也没能做到。现在所能做到的，只是三年无改于父之道了。父亲教导我们读书的第一要义是明白做人的道理；为了明白做人的道理，也必须认真读书。

愿以三年为期，认真读一些父亲的书，依其道而行，以赎不孝之罪于万一。

从"未学斋"到"素书楼"

梁启超先生有《饮冰室文集》，冯友兰先生有《三松堂自序》。钱穆先生的书斋室名，就所见的，约有未学斋，思亲彊学室，栩楼，素书楼等四个。

未学斋，是父亲早年所用的斋名。抗日战争时期，父亲曾请假回沦陷区苏州，陪侍奶奶一年。后来又回后方上班，在齐鲁大学研究所与顾颉刚先生共事。不久在苏州的奶奶不幸去世，父亲未能回苏州奔丧。这时他把自己的书斋命名为思亲彊学室，在当时他写的一些文章后，标有这个室名。父亲的一生很少为自己的生活、读书等居处题什么斋名、堂名。苏州沦陷后，他变姓名隐居在耦园的时候，对于里面的亭台楼阁也都依旧名，决不更改。说来也是巧合，园内有所书斋，悬挂一块旧匾，书曰："补读旧书楼"，正合我父亲当时的心情。他就在那座小楼上，"半日读英文，余半日至夜半专意撰《史记地名考》一书"。一年完成，父亲大喜过望，认为主要是"皆得择地之助"，所以"可以终年闭门，绝不与外界人事交接，又得家人相聚，老母弱子，其性乐我情，更非宜良可比（按：在宜良也曾用一年时间完成《国史大纲》)"。此处提到的"弱子"，自然是指我们兄弟姐妹了。

1960 年，父亲到美国讲学后回港，搬了一次家。他们自己在沙田乡郊，找了一小楼，虽然只是二层楼，可是要登上这楼，却需要先登上登山石级一百七十多级。这是一座建在小山腰上的房子。当时父亲已年近七十，可是亲往踏看后，深爱其境，就定下来搬入新居。在这个"故居"一直住到离开香港到台湾去。父亲把这座楼称为"桴楼"。《论语新解》这部书的最后定稿就是在这桴楼里完成的。楼在半山腰里，窗外可以看见海景。1964 年，父亲写过一副春联"读画诵书但随一室，白云沧海围绕四窗"，说的就是这桴楼的风景。《师友杂忆》中的一段记事，则是另一种风景：

夏秋间，忽台风来，势烈空前，山居破坏，屋顶多掀开。修理费时，临时移楼下另一小宅。在楼上放一桌，余一人尽日握笔吟哦。较在耶鲁写初稿时，环境似更怡悦有加。

后来父亲从中文大学新亚书院辞职，临时在青山湾租一小楼，同样的临海面山，环境幽静，在这里开始制订写作《朱子新学案》的计划，并开始读《朱子大全》。二月期满，仍回沙田。后来应邀去马来亚大学，这沙田的房子没有退租，所以回来后仍住此，写《朱子新学案》。直到大陆"文化大革命"，香港难民潮骤起，父亲迁居台北，才离开这桴楼。

1966 年 11 月到 12 月，父亲在台北《中央日报》连续发表三篇《桴楼闲话》(分别是"人之三品类""身生活与心生活""人学与心学"),后收入《人生十论》(台湾东大本和大陆三联本均缺收)。

"桴",就是孔夫子"道不行,乘桴浮于海"的桴,也就是一个小木筏。桴楼,就是像木筏的小楼了。这并不是楼的形制像筏子,而是房主人的心情有点和孔夫子"道不行,乘桴浮于海"的心情略同吧。那时候,大陆已经开始了"文化大革命",香港则还在英国女王委派的总督统治下。父亲寓居于此,不正如乘桴浮于海一样吗?过了不多久,父亲就搬到台湾去了。几十年后,当时的住房或许已经不在了。这桴楼的所在,比较像一个风景区,山下是一个寺庙(西林寺),山顶有房东的花园别墅。"故居"或许还在,或许还有新房客居住吧。

1967年父亲移居台北,初到时是住在临时居所,及后搬进新建的外双溪寓所(政府宾馆),父亲就按老家无锡七房桥老屋的素书堂名称将这里命名为素书楼。在保存下来的一印谱中,还有"素书堂"、"素书老人"二印,另有"未学斋"一印。离开香

◀ 未学斋、素书堂二印

▲ 钱穆先生在素书楼前留影

港，到了台湾。从我们在大陆的人看来，港澳台都属于海外。而
在父亲眼里，或许到台北像到苏南一样，总之是到了中国，到了
家乡了，和在香港有所不同。所以当年在香港写下的《桴楼闲
话》看来是不会有之四、之五的了。后来父亲百岁周年纪念，台
湾《中国时报》登过一篇《一代国学大师看台湾——钱穆先生的
宝岛游踪》（唐方匀先生作），有一小标题"钱先生初来台，曾说

过对台湾有重履故土之感"。这个小标题，或可为本文上面的推测作一旁证（前此我写过《乘桴浮于海》一文，在"过了不多久，这桴楼也风雨飘摇"以下，写"钱先生乃真的乘桴浮于海，搬到台湾去了"，现在看就很不对了）。父亲在素书楼还写过一对联，把外双溪和故乡的啸傲泾作对，或也说明他对这两个地方是同样的有感情的（啸傲泾使他"傲成习性"，外双溪让他"安度余年"），和对香港的桴楼的感情很是不同。

父亲晚年，和夫人胡美琦女士一起创立了素书楼文教基金会，现在这素书楼故居由台北东吴大学管理，素书楼文教基金会仍由一批热心人士管理，与大陆有些单位合作，开展了不少工作，如中学生国学暑期夏令营等等。

未学斋、思亲彊学室和素书楼这三个名称，在有些传记作品中多有提及。

商务印书馆的购书券

《钱宾四先生全集》收有钱先生早期著作《论语文解》。其序例说：

小学生读书国民学校，缀字造句，为师者可以运用句读字词之义法以为教，未可直以句读字词之义法教之也。逮入高等小学，无不能造句者矣，进而学为短篇之文字，则惟句与句之相续，所谓起、承、转、结之四法者最要。若复授以句读字词之义法，太浅则为已能，较深又非急用。不若俟其粗能属文，然后为具体而稍精密之讲解，则可于中学校以上行之，此编本此意以成书，重在句与句之相续，而字词句读之义法，亦可于此窥其大要。既以免枯寂无味之病，亦以求应时实用之效。此吾国小学校教授文法，区区之意，谓当视西人略为变通之处也。

……

本书可供高小暨中学一二年级教授文法或自修之用。……

　　1918 年，钱先生在无锡梅村县立四小教书，写了这部书稿，投寄出版社。商务印书馆收到书稿后，决定出书。并通知作者说，不给稿费，但有一百册样书赠送。钱先生想，一百册书都一样的，不如换成不同的书来读。于是请求换成购书券，以便采购喜欢的书。商务印书馆同意了，便给了钱先生一百元购书券，但规定这书券只限于用来购买商务版的图书。钱先生又与书店老板商量，将购书券存入书店，然后自由采购包括商务印书馆和其他出版社的书。当时，钱先生每月的工资大约二三十元（《师友杂忆》中讲到这以前在私立小学的工资是十几元、二十元，县立的或许会多一些吧）。一百元是可以买不少书了。《师友杂忆》里说，"余遂于经史子集四部中，择余所缺者陆续购买，自此余学问又进，此百元书券实于余大有裨益也"。

　　这是钱先生出版的第一部著作。后来钱先生的《国史大纲》等书，也是在商务印书馆出版的。从民国七年往后七十多年，为纪念钱先生百年诞辰，北京商务印书馆又从台湾商务印书馆引进钱先生《国史大纲》《中国文化史导论》二书，在大陆出版。这二书应付的稿费（版税），当时由钱夫人胡美琦女士决定，全部用来买这两种书，分别邮寄、赠送给一些大学图书馆和大学里相关系科的资料室，还包括少量的中学。与此同时，台北素书楼文教基金会和台北图书馆素书楼分馆联合举办了征文比赛，征求大陆读者读钱先生著作的体会文章。苏州吴县有一位中学教师，应征成为获胜者之一，他得到稿费一千元，也都用来买了书读，学问有进，后被调入该县的教师进修学校，又转到常熟师专执教。

今之金融政策，禁止商家发行变相货币，也包括这种购书券。但禁而不止，购货券（改名提货单什么的）仍很流行，特别流行于送礼，送钱不便就送这。也可说是一种异化吧。

尤重《论语新解》

　　《论语新解》是钱先生的一部重要著作，也是他本人比较重视的一部著作。在这书写成出版前后，钱先生在香港新亚书院就曾多次写文章，做讲演谈到这书的写作计划、过程、进度以及这书的价值、意义、读法等等。

　　钱先生在 1961 年的演讲"论语读法"里，讲了他刚到香港时就想写这书了，现在终于快要完成，"今冬当可付印，希望同学们今年就先读《论语》和朱注，明年再读我的书"，"其于我心，将何快如之"。次年，又在纪念校庆的文章和教师节的讲词中，勉励同学们读《论语》并再讲《论语》的读法。

　　1963 年《漫谈论语新解》的长文中，钱先生讲了十多年内写这书的经过，先是用白话文写，并在刊物上分期连载，后又改用浅近文言文（认为这样效果会好些）。再后在赴美国讲学的半年中，利用课余时间，最多的一月写过六十三章，最少的一月只写九章，最后新稿旧稿（指过去写，这次改的）全部完成一千零四十三页，约二十五万字。回香港后，又对旧稿再改一遍，又搁了半年，并请杨联升先生、潘重规先生看原稿，提意见。"到十二月，……照理，我该可把全稿付排了，但我想，此稿付排，我仍有最后一次的校字工作可做，或许到那时又可能发现几许错误应改正处，若此刻即去付排，我正满怀欢喜，怕不易发现自己错处。因此决定将此稿再压几个月，待我对此稿的心情冷一些，在一九六三年暑假前开始发排。""默计全稿，我在此次最后校字时，又已改动了十章左右。"(《孔子与论语》)同年9月28日孔子诞辰及校庆纪念会上，先生又讲这书，说："我满以为今年今日我的《论语新解》准可出版，但由于印刷延期，出版也延期了。"(《新亚遗铎》)

1964年，出版终成事实。当年3月，钱先生在新亚研究所学术演讲讨论会上作《谈论语新解》的演讲，"希望诸位都能仔细读，能不止读一遍"，举了许多例子，说明新注和朱注的异同。最后说，"我写《论语新解》，除今天所讲，尚有甚多用心处而并不见于文字者，诸位每读一书，能进而了解到著此书者之用心处，如此便是做学问一最重要之门路，由此门路进，始是真于学问能有所窥见。"(《孔子与论语》)后来，钱夫人胡美琦女士写过一篇《我所了解的学人生活》，讲了钱先生的一些事，其中也讲到《论语新解》，原文这样（转引自珠海出版社《名人的妻子忆丈夫》，但该书未写明原摘自何书何刊）：

宾四对于衣食很马虎，只对他的著作从不马虎。他一生的著作固然不少，而待付印时，定要亲自校，有的他自己校到三次。直到他七十以后，两眼动过手术，目力大不及前，才肯让别人替他校，但仍要亲自作最后一校。我印象中最深的一次，是他印《论语新解》一书。他要用三种不同的字体，那时，香港几家印刷厂都无法承印。最后找了一家熟的印刷厂，许多铅字临时新铸，为此印刷费无端增加了很多。那时我们的经济刚好转，还谈不上积蓄，手边的现钱尚不足付印刷费。我记得书印好后，宾四带几部回家。他那种开心的情景，到现在，我还忘不了。我开玩笑说，你一定要用三种不同字体，花这么多钱，印这书，有几个读者能了解你这份用心。他听了，自我解嘲地道，将来定会有像我一样看重《论语》的人，自会懂得著者的用心，现在至少使读此书者看起来省力，我自己看了欢喜就够了。

《论语新解》在香港台湾出版多年后，也传到大陆，巴蜀书社出版的《论语新解》应是大陆最早出版的钱穆著作了。

论读书四则

台湾素书楼文教基金会近编印出版了一种《钱穆先生箴言》，单张印，每页收钱先生著作中摘句若干条，另附先生生活照片几幅。有"读书""历史""教育""学术"等类。

其《读书》一幅，收箴言四则：

一、读书运动的对象，不该老是一辈大中小学校里的青年和儿童，或是推车卖浆不识字的贫民；而社会上的中年人物，比较站在领导地位的缙绅士大夫，尤其应该是我们读书运动的第一对象。

二、读书当一意在书，游山水当一意在山水。乘兴所至，心无旁及。从师交友，亦当如读书游山般，乃真乐也。

三、做学问的仍多只为寻题目作文读书，也未见大家肯细心来读一部书，从头到尾心性静细来读。

四、聪明而有志的青年自然不肯为要赶成几篇不成熟的著作而牺牲了自己读书时大的眼光与活的精神。

四条除第一条中"推车卖浆""缙绅士大夫"二处用词似与现时中国情形有些距离，各条实质，于今日中国（大陆和台湾），恐怕都是仍旧十分切合、十分深刻的。先生关于读书的论述，自然远不止此，但即此几条，也很能引人入胜的了。第一条适用于中年以上人，第四条特对有志青年说，二三条好像对象广一些，是普适于各种年龄段的人的。

◀ 钱穆先生一生热爱读书

"我的家乡苏州"

钱穆先生是无锡七房桥人。这一事实载在许多写他的传记作品中，也铭刻在苏州太湖西山岛上钱先生墓园的墓碑上。无可怀疑的。

但是，钱先生20世纪50年代在台湾讲演，后来将讲义与讲演稿合并出版为《民族与文化》一书，在这书"讲辞之部"第二篇第二章中他却称"我的家乡苏州"。这段话是这样讲的，"又如我的家乡苏州，从春秋战国一路下来，直到今天还是一个大城市。南宋初年，金兀术南下，苏州人死了五十万，这个城市之大就可想而知。"（这一节是讲"中国史上城市是远有根源的"，除苏州外，还举了广州为例，历史至少两千年，黄巢之乱，广州外国商人就死了十万人。）

为什么钱先生又称苏州为自己的家乡呢？想来有以下原因：一、七房桥在无锡与苏州交界处；二、先生曾有二度在苏州执教的经历——省立苏州中学及内战时南迁的国立河南大学；三、先生在苏州中学执教时，与苏州人、小学教师张一贯女士结婚，几个子女大部分出生在苏州，抗战期间，先生只身到后方，家仍然在苏州。其间先生也曾在苏州耦园住了一年，以陪侍老母，并在此一年中写成《史记地名考》一书。后来，太夫人即在耦园逝世，钱先生在后方特将其书斋名定为"思亲彊学室"；四、1949年先生孑然一身往香港时，依然家在苏州，在台湾作讲演时，也是家在苏州。很久以后才在香港重新结婚成家，可说已是晚年了。

除了《民族与文化》一书外，钱先生还有很多书讲了苏州的人和事。《师友杂忆》中回忆在苏州的生活和友人是人们较熟悉的。就是学术著作如《中国历史研究法》中也有，"中国历史上之城市，颇多绵延有两千五百年以上的长时期，即如广东省番禺一城，秦始皇设三十六郡时，番禺即为南海郡之首府，距今在两千年前。又如江苏省之苏州，即吴县，此城在春秋时为吴国首都，直传至今，已有两千五百年以上之历史……"以下还有讲山东曲阜，"论到中国城市之商业情况……宋代金兀术南侵，苏州一城死者达五十万……可想象其市场繁荣之一斑"。

还有一部《从中国历史来看中国民族性及中国文化》，是先生晚年所作一个系列讲座的讲稿，其中也讲到了记忆中的苏州虎丘山：

中国文学不仅诗、词、歌、赋各体文章，还有作对联、作匾的。譬如我们新亚的教职员休息室，称为云起轩，触景生情，这匾不亦带有文学气味吗？我游苏州的虎丘，有一茶楼，三面玻璃窗，可以向外展望。堂上悬一横匾，题曰"其西南诸峰林壑尤美"。这是欧阳修《醉翁亭记》里的话。你在此茶楼望出去，正是这样。

　　以上种种，难怪钱穆先生常常把苏州认作自己的家乡，也使他有资格以苏州人自许。在香港、台湾时，有人来大陆，他总会建议去一下苏州，看一下耦园，等等。杨绛先生在一篇散文结尾处写道，苏州人是记得钱先生的，不知钱先生是否忘记了苏州人（大意如此）。从钱先生的一些著述看来，他是一点都没有忘记苏州的。

钱穆先生与陈寅恪先生

　　三联书店出版陈寅恪先生《柳如是别传》，封面和护封上都印有"独立之精神，自由之思想"十字，这十个字当是对作者陈寅恪先生的一种概括吧。

　　《素书楼余沈》一书收钱穆先生晚年自撰联一副：

　　　　幼生金匮让皇山啸傲泾　让与傲习成性
　　　　老住台湾士林区外双溪　士而双享余年

　　这里的"让与傲习成性"特别是"傲习成性"，简直有与"独立之精神"遥相辉映、异曲同工之妙。

　　陈先生传记中曾见有陈先生提出的担任中古史研究所所长的两个条件：一、允许研究所不宗奉马克思主义，并不学习政治；二、请毛公或刘公给一允许证明书，以作挡箭牌。朋友们劝他不必要这样提，陈先生说，我对共产党不必说假话。

　　钱先生传记中有一通先生写给老师吕思勉先生的信（原信不

存，此据读过此信的人回忆记下）"老师劝我沪港两地自由往来，这是我做不到的。回来虽无刀镬之刑，但须革心洗面，重新做人，这是学生万万做不到的。学生对中国文化薄有所窥，但不愿违背自己的主张……愿效明末朱舜水流寓日本传播中国文化，也很希望能在南国传播中国文化之一脉。"（陈勇《钱穆传》227页）

二事时间略同（均在20世纪50年代初），似乎也颇有戏剧性地相似，竟是不谋而合，不约而同，用不同的语言表达相同的观点了。陈先生的要求未获同意，钱先生后来也久居香港，终老于台北而未能再回大陆。

独立之精神和傲习成性，似是中国知识分子固有的传统，在历史上找得到许多先例，在近代现代同样也找得到不少人物和事例的，但是，这种精神和性格，却是极易为政治领袖误认为"反骨""翘尾巴"甚至"花岗石脑袋"的。毛泽东写过一首词，和柳亚子先生的，讲到"颜斶齐王各命前"的问题，在那首词里，他似认为这是历史问题了，中华人民共和国成立，中国共产党领导，从此可以永远解决这个矛盾，开辟历史新纪元了。但是不幸他没有言中，而使"人民内部矛盾"未获"正确解决"，甚至一直发展到"横扫一切牛鬼蛇神"……

21世纪的第一年，陈先生的著作和钱先生的著作分别得到出版。在此之前，并有多种关于他们的传记资料面世，独立之精神和傲习成性，大概已经恢复名誉，不再触犯忌讳了吧，但愿如此。

两位先生曾在清华、西南联大等共事，文人相重，他们之间有很好的私交（吴宓先生也是他们共同的朋友），后来钱先生在港办学，也曾邀请陈先生一起去（未果）。他们又有一个共同点：不愿自己的著作用简体字横排出版。为尊重这一遗愿，此次《陈寅恪集》，即以繁体字直排，钱先生的一些著作在北京商务印书馆、中华书局出版，也是这样。但另外有些出版社，则用简体字横排了钱先生的著作——这就有些显得对作者不够尊重了，似应认为是一件值得遗憾的事。

父亲归葬记略

1990 年 8 月 30 日父亲在台北与世长辞，母亲所撰挽联中有"方期海宇升平，侍君百岁归田里"之句。希望中国早日统一，暮年归隐故里太湖之滨，是父亲生前的愿望。但是，"海宇升平"的进度不快，父亲没有能等到这一天。这一点，父亲也许已料到。所以，他生前曾经表示：如果人不能回去，也要葬回故乡去。秉承父亲的遗愿，母亲将父亲的灵骨安放在台北永明寺，等待着归葬大陆。一年多，经无锡市、县，苏州市，吴县等有关部门相关人士的热忱帮助和支持，终于选定了墓址，办妥了有关手续，并由当地西山镇建筑站承担了整地施工任务；凤凰山公墓七子墓区承接了制造石椁、刻制墓碑的工程。墓地在吴县洞庭西山俞家渡村境内石皮山的一块黄石坡地。此处背山临湖，面向东南，山上山下种满枇杷、杨梅、柑橘、银杏等果树和茶树。湖光山色，尽收眼底。当地人称，这是一块风水宝地。

台北市有关当局为纪念父亲对学术的贡献，特将父亲生前住所素书楼改为纪念馆，1992 年 1 月 6 日，举行了钱穆先生纪念馆落成典礼。1月7日，母亲在素书楼弟子辛意云先生和邵世光小姐（曾任父亲的秘书）的陪同下，护送父亲灵骨由台北经香港飞上海，于傍晚到达苏州。1月8日，在灵岩山寺做了一天安魂法会。当晚，父亲灵骨到西山"入室"。

当年父亲由香港迁居台北，原拟寻一块地建屋居住。蒋介石先生闻知后，特拨公款建造一所宾馆，即是素书楼，父亲在此住了二十多年后，忽有人提出什么"占用公房"的质询。对此，父亲决定自己购一公寓，从素书楼迁出，而在迁居几个月后，父亲就去世了。母亲决心要自己造一房子，哪怕只有几间，也要让父亲从自己的房子里走到墓地去。在西山镇政府和人民代表严勤富先生的协助下，这个愿望终于实现了，母亲在西山造了几间房子。这天夜里，父亲的灵骨就在自己的房子里安息。除了母亲外，在大陆的子女四人及孙儿女（外孙）辈，还有父亲的侄女陪侍在侧。

1月9日，是既定的安葬日期。前两天，时阴时雨，令人担心。我们多希望老天不要下雨，天从人愿，真的晴了。北京赶来的伟长兄嫂及在苏州的其他亲人陆续到达，葬礼于上午十一时正式开始。

墓中的随葬品是一包书。父亲一辈子从事教学、写作工作，可说是著作等身。从这些著作中选出一部分，计有《先秦诸子系年》《中国近三百年学术史》《论语新解》《国史大纲》《新亚遗铎》《朱子学提纲》《现代中国学术论衡》《中国历代政治得失》《中国文化史导论》《理学六家诗钞》《庄老通辨》《中国文学论丛》《双溪独语》《八十忆双

亲 师友杂忆合刊》等十四种。让这些书，陪伴父亲，长眠于地下。深信这些书也会同父亲的英名一样，长久地流传人间。墓碑、石椁、供桌均由花岗岩石料制成。碑高一百五十公分、宽七十公分、碑座高十公分。墓碑正中镌刻的碑文："无锡七房桥（分列小字两排）钱穆先生之墓。"墓碑右上侧镌刻"钱穆先生字宾四"，下分列两排小字镌刻"生于民前十七年农历六月初九戌时，殁于民国七十九年农历七月十一日巳时"。

在安放骨灰盒和遗著的石盖面，镌刻铭文："显考钱公讳穆府君之灵骨，生于民前十七年农历六月初九戌时，殁于民国七十九年农历七月十一日巳时 不孝子拙　行　逊 不孝女易　辉稽首"。

镌刻的文字，是选择台北故宫博物院馆藏碑帖中的隶书体复制后，由吴县工匠刻制的。葬仪以传统家祭礼仪举行。吴县海外联谊会，对台办公室、教育局、文化局、文联和西山石公中学、石公中心小学、西山镇海外联谊会等单位致送了花圈，并有代表在墓前行礼。借此机会，顺致谢意。参加葬礼的孙辈，除了孙女婉约外，都还没有见过祖父（外祖父），没有亲聆过爷爷的教诲。当天晚上，母亲特地请辛意云先生讲述了他们祖父（外祖父）的学问与为人，大家怀着敬仰和沉痛的心情，肃静恭听辛先生的介绍，对先祖的一生，有了较为具体的了解，深受教益和鼓舞。

在回台湾前，母亲还组织了一次寻根访旧活动。参加者有台湾来的素书楼弟子、大陆的子女及孙辈，先后到父亲生前在苏州居住和写作过的耦园，无锡鸿声里七房桥祖居，教过书的荡口果育、鸿模小学（现荡口中心小学）、无锡县立第四高等小学（小

▲ 漂泊多年后，父亲最后魂归故里，图为父亲在俞家渡石皮山墓茔正面。

学原在泰伯庙内，现迁移他处，原址恢复为泰伯庙）等地转了一圈。荡口中心小学虽然盖起了新的教学大楼，可是还保存了当年果育、鸿模的校门和几间房子作为校史陈列纪念室，其中还陈列着父亲所写的有关果育、鸿模的一些回忆文稿。

　　父亲归葬大陆的事，实因地处偏僻，交通不便，又时值严寒，未敢惊动太多的人，因而也没有告知家乡父老。海峡两岸的新闻界均未涉足，只是当地的《吴县报》和苏州人民广播电台作了简单报道。《吴县报》说有台湾来的学生参加葬礼，苏州广播电台却说有大陆和台湾来的学生参加葬礼。报道口径不一。在此附带说明：父亲在大陆的学生，即使是1948年在江南大学就读的学生，现在也多是六十开外的人了，抗战前或抗战期间在燕京、北大、清华、北师大或西南联大、成都齐鲁大学国学研究所、昆明五华书院、云南大学等校的学生年事更高，鉴于当时的实际情况，虽有多位先生事前闻讯后多次联系，表示要来参加葬礼，但都被我们家属婉谢了。除了堂兄伟长哥，也可算是父亲在大陆的学生外，其他在大陆的学生（包括苏州、无锡的）并未到场。对他们缅怀师恩的深情厚谊，我们只好心领了。

诗里的人生点滴

厦门十首

《闽南白话诗稿》凡十首，各首下面都有写作月日。从 12 月开始（1922 年）到次年 3 月止。这十首诗差不多全与海有关。《师友杂忆》里讲到厦门这一年，也特别讲道：

余在集美又好作海滩游。预计每日海潮上下之时刻，先潮涨而去，坐大石上迎潮，潮迫身而退。独有一唱歌图画教师，今已忘其名，亦好来迎潮，每与相值。彼好述其师李叔同后出家为弘一法师者之言行，纤毫备叙。余闻此等语，真如在世外，非人间，令人神往，诚当年余游海滩一异遇也。

诗里写了海，不过没写到这位老师和弘一法师的事。

十诗题目：爱，荒海，早上，鸠，筇声，海上的渔夫，自然的美，水手，海船，海的忠告。这十首里头，只有《鸠》和《笳声》二首不是写的海。《早上》写的，就和《师友杂忆》中写的一样。

一

海的美处，

最是薄雾轻云，加上丝丝细雨。

但是冒着这雨独自走来看你的是谁呢？

二

我听到人们底笑声，

我看到人们底喜色。

但是，我没有接到人们底真情；

我还是来观海罢！

深深底，静静底，淡淡底，平平底。

这首诗好像回答了为什么"余在集美又好作海滩游"的原因。钱先生在集美的交游，上面说的图画唱歌老师是观海时所遇，真正朋友只有施之勉先生和蒋锡昌先生两位，其他同事，大概就是诗中所说没有"接到真情"的人们了。和这十首白话诗一起，《全集》还收有同时所作《闽南诗稿》十一首。第一首《海上》，也是写的观海。

若有人兮海之湄，欲与晤兮诉襟期，

· 46 ·

我独来兮海上，沙中迹兮纷然。

若有人兮海之央，欲与晤兮剖中肠，

我独来兮海上，孤帆去兮渺然。

若有人兮海一涘，欲与晤兮结生死，

我独来兮海上，波涛起兮茫然。

沙迹泯还有，孤帆故复新，

波涛长如此，永不见斯人。

一唱三叹，还是叹的"我没有接到人们底真情"。两首诗一写于
11 月，一写于 12 月，相差不过二十天。诗的形式是不同的，诗
人的心情则是一样的。

除了写海，两组诗中，还有一些是写思乡的主题。

是你带的我走了，

叫我寄放在何处呢？

母子、夫妻、兄弟、田园的景色，故乡的情味。……

现在是：

狡猾的仆人，冷落的旅伴，狭窄的居处，恶浊的空气，……

你把那些送我到何处呢？（《海船》）

好梦无端去即休，夜长孤枕起清愁。

闲听瑟瑟潇潇雨，却似江南九月秋。（《冬至前两夜枕上听
雨》）

又是"没有接到人们底真情",又是思乡,这或许就是钱先生在厦门一年就离去的原因之一吧。

天池山夜话

《游苏州天池山诗稿七首》,原刊《苏中校刊》第四三、四四期合刊,后收入《素书楼余渖》。七首分别是《灵岩道中》、《村女》、《弥陀岭》(未完)、《天池》、《登莲花峰顶》、《坐峰巅观火车》、《与山僧夜话》。

下面录其《与山僧夜话》一首。

> 寺僧作饭待,山蔬自栽种。告我身世感,慷慨有余痛。
> 四十丧妻孥,因之断世梦。入山十七年,寺小如陋瓮。
> 诵经发大愿:壮宇架宏栋。誓竭毕生力,牺牲为法供。
> 死当焚吾骨,与米共磨砻。遍馁飞潜走,聊作充饥用。
> 贤哉僧志坚,我愧僧殊众。妻孥哭未已,兄死方余恸。
> 羁生强笑颜,碌碌何所贡。遂恐心力弱,悲喜成虚哄。
> 愿言志僧语,时时一讽诵。

这诗前面部分,好像只是记录与山僧夜话的经过和内容,但是"我愧僧殊众"以下的几句,则确定了这诗是一首自勉诗(有一种钱穆先生传记收录这诗,但是误记为钱先生和蒙文通先生游山时作。其实诗序已经说明是"戊辰冬至偕翔仲游天池宿山中归以诗记之",而和蒙先生游山则是以后的另一次)。可以看出,两首诗都是在作者精神受到强烈刺激情况下，又经过理性的思考而写成的。天池山僧，十几年前妻子、儿子都死了，乃到山中出家，十几年来，把一个小庙建得初具规模。并且决心继续努力，死而后已。钱先生时年三十四岁，1928 年，戊辰，不幸也遇家难，儿殇妻没，兄亦辞世，百日之内，三哭亲人。与山僧夜话，自然感慨系之了。但这诗在校刊刊出，已是 1930 年了，所以这七首总题下标的"民国十九年"是发表的时间而不是写作的时间。"愿言志僧语，时时一讽诵"的应当就是"诵经发大愿：壮宇架宏栋。誓竭毕生力，牺牲为法供"了，不过山僧是佛家，先生是儒家，其大愿的具体内容就有所不同了。

这山僧的形象，从这首诗开始，一直到钱先生晚年，其实钱先生"愿言志僧语，时时一讽诵"是没有间断的，并且还在自己给学生上课时向学生们宣传和尚的这种精神。他说，我在这上课，其实是在招募志愿军，招募继承和发扬中国优秀传统文化的志愿军。

《新亚遗铎》里一篇毕业典礼上的讲话，讲到一位虚云和尚：

近代中国有一高僧虚云，诸位若是广东人，应该听闻到。我在几年前读《虚云和尚年谱》，在他已跻七十八高龄之后，他每每到了一处，荜路蓝缕，创新一寺。但到此寺兴建完成，他却翩然离去，另到别一处，荜路蓝缕，又重新来建一寺，但他又翩然离去了。如此一处又一处，经他手，不知兴建了几多寺。我在此一节上，十分欣赏他。至少他具有一种为而不有的精神。他到老矍铄，逾百龄而不衰。我常想，人应该不断有新刺激，才会不断有新精力，使他不断走上新道路，能再创造新生命，若使虚云和尚新建了一寺，徒子徒孙环绕着。呆在寺里作方丈，说不定他会在安逸中快走进老境。当然我此处之所谓老，更重在指精神言，不重在指身体言。

这虚云和尚，其实也就是那诗中的山僧，也就是在说钱先生自己。讲过这毕业典礼上的话，钱先生就离开已并入中文大学的新亚书院，翩然离去了。他说，我并不是去再建一新亚，而是去写一本关于朱子研究的书。"我想此书完成，在中国学术历史上，在中国文化教育上，决不比我创办新亚或主持新亚意义更狭小些，价值更轻微些。"（这里所说的书，就是后来写成的《朱子新学案》）

山僧立志弘扬佛法，没有家累，没有名缰利锁，钱先生写出并记住了这样一个形象。他希望自己，希望自己的学生，能这样地把自己贡献给继承弘扬中国优秀传统文化的事业。这天池山僧，应当是钱先生诗所创造的一个鲜明的形象。天池山上，这寺仍然存在。这山僧的名字或许没有留下，但是他的精神，则被钱先生这首诗记录下来，传布开来，可以说是永垂不朽的了。

双溪闲吟

定居台湾的"外省人"写的思乡诗，比较有名的有于右任先生、余光中先生的传世名作。其实，在两岸交通、交流严重受阻的几十年中，这样的思乡诗是很多很多的。下面是钱穆先生所作的两首：

一

平生爱读放翁诗，长忆中原墨沈悲。

浮海始知翁足羡，故乡垂老固相依。

二

呜呜四面满窗喧，何事相呼总不言。

宁有深情难倾吐，欲随病叟去中原。

陆放翁的诗很多，这第一首里"长忆中原墨沈悲"，恐怕是几个字就概括了陆游许多诗的主旨和读者们共同的印象吧。陆放翁可悲，但是我这个在台湾的"外省人"，却反而觉得他还比我好，他至少还能在家乡度过晚年，这就是说自己才更可悲。第二首以鸟儿鸣叫起兴，讲的还是思乡，想回乡。诗人自称"病叟"，病中寂寞，更思乡。非但我思乡，想回乡，恐怕鸟儿也思乡，也想回乡吧。"深情难倾吐"，是说鸟，其实是说自己。此情难倾吐，只能写成这样的诗了。二诗之深情，之感人，当不逊于于右任先生、余光中先生的名作。

二诗见《钱宾四先生全集》之《素书楼余沈·诗联辑存》，原无题，编者将其编为《双溪闲吟三十五首》之二十四、之二十五。这二十五首的写作时间，编者标明是"民国六十三至六十七年"。

《素书楼余沈》除《诗联辑存》外，又有《历年春联辑存》，其中"民国七十年辛酉"之一联似与这二诗相关。

书剑飘零 吾身为报国为偷生 满心愧耻终何事
云山缥缈 大陆是天堂是地狱 尽日瞻望竟忘年

1981 年，大陆的"文化大革命"结束不久，两岸交通仍然不畅，正如联中所说是"云山缥缈"，"大陆是天堂是地狱"，就成了一个很正当的关注和疑问。虽然不知"是天堂是地狱"，可是仍然"尽日瞻望竟忘年"，仍然有诗"欲随病叟去中原"（那两首诗写作时间还要早，大陆"文革"还未结束），可以说是爱国之情溢于言表了。

素书楼里的联与诗

报上登了台北钱穆先生故居素书楼纪念馆重新开幕，台北马英九市长到场讲话的消息。这里愿介绍当年钱穆先生在素书楼写下的一副对联。

幼生金匮让皇山啸傲泾 让与傲习成性
老住台湾士林区外双溪 士而双享余年

上联三个地名，"金匮"是清末江苏无锡的县名（一城二县，无锡与金匮，民国期间并为无锡县），让皇山即鸿山，是无锡乡间一小山，因有梁鸿曾隐居于此而得名，又以周泰伯当年让皇位来南方，最后墓葬于此而得"让皇山"之名。"啸傲泾"是一小河，在七房桥村前，钱家七房桥老宅即在河边，钱先生幼年生活于此。

下联也是三个地名，台湾、士林区、外双溪（外双溪既是溪名又是路名），素书楼即在这地方。

"让与傲习成性"，这"让"在泰伯，是让皇位，在钱先生当指让名利地位，这无论对泰伯，对钱先生，都是一种高贵品德，"三不朽"中的立德，"让"应当也是一种不朽的品德，今天我们也应继承和发扬的品德。"傲"，似乎近世多视为一个贬义词，并形象化为"翘尾巴"，成为知识分子改造思想、改造世界观的一个重要内容。其实，毛泽东说过的"粪土当年万户侯"，"敢把皇帝拉下马"，也就是一种傲；马寅初先生在全国上下"围剿"他的"新人口论"时，坚持己见，坚持科学不退一步，鲁迅的"横眉冷对千夫指"岂不都是傲的表现。"傲"也是中国人特别是知识分子的一种传统美德（今天仍应继承的），钱先生把"让与傲习成性"与"幼生金匮"联系起来，是认为故乡的山和水，对他的成长起着显著的作用，这应当也是无锡和江苏可以引为骄傲的。

下联讲到"士而双享余年"，讲的是过晚年生活吧，这"享余年"也并非只是琴棋书画，而是弦歌不辍，晚年他在素书楼寓所为台湾文化学院研究所博士班授课，还继续著作，整理旧作和续写新作，这就是传统士大夫的"享余年"方式吧。

钱先生逝世后编辑出版的《钱宾四先生全集》中，有一册

《素书楼余渖》，上引对联就收在这册里的《双溪闲吟三十五首》
中，这里再抄几首如下：

之九

常忆侍亲日，北堂言萱萱，
萱今病中发，睹物更难言。

之十

一园花树，满屋山川，
无得无失，只此自然。

之三十二

无端劳作闲，冗杂一时删。
闲去劳复起，清溪弯又弯。

之三十四即上引联。

《素书楼余渖》中还有《书札》，收钱先生的一些书信，也有
与素书楼有关的。有一封写给严耕望先生的信，讲到他们刚住进
素书楼，绿化庭院的事，不长，也抄在这里：

归田老弟大鉴：

二月八日函早到，所寄茶叶乃小事，聊表愚夫妇相念之意，
不足挂齿。所居小园，半年来栽种花木略成格局，意外获得古松
四枝，一逾两丈双干竞挺，余三枝亦得一丈五尺，苍奇硕大可

▲ 台北素书楼全景

爱。尚有五松，则颇平常也。又得三十年竹柏一枝，大榕一枝，枫树、樱花、山茶各二三十枝，杜鹃逾百五十枝，盘桓顾盼，大可怡神。《学案》急切难完，当到暑中或可毕事，此乃穆晚年一惬意之工作也。匆颂。

俪祺并贺

新喜

穆启 三月一日

　　这信里讲到的那棵双干竞挺的古松，在钱先生搬出这园，病故后，忽然枯黄，不久也死了。

四副对联写心境

一

有忧有乐依世运　不知不愠在我心

这是钱穆先生早年写过的一副春联，收在《素书楼余渖》"诗联辑存"中。

钱先生当年从乡村小学而到中学，到大学，到北大，得识许多益友，又得英才而乐育之，忽然日寇进犯，千里迢迢，抛妻离子，到蒙自，赴昆明，颠沛流离，真是"有忧有乐依世运"。其实还可以推前，童年本来会读私塾的，忽然新开了新式小学，于是就成了小学生。后来常州中学来招生，本应他哥那一班同学去应考，钱先生也跟了去考，到发榜时又没取，直到开学报到的时候，才收到补录的消息，于是又成了中学生。后来中学没毕业，赶上辛亥革命，就成了小学教师。其中忧乐，不也是和世运有着密切的关系吗?

几十年后到香港到台湾,事业大成,新亚书院办得好,美国耶鲁邀请去讲学;生活日渐安定,重续美好姻缘;但是看到世人不够好学,自己的著作恐怕解人难觅,应当也还会是有忧有乐,也还确是世运使然。这"不知不愠",钱先生在《论语新解》中说"非浅学所当骤企也",又说"虽贤如颜子,不能尽知孔子之道之高之大,然孔子无愠焉"。反求诸己,钱先生虽然名高天下,但是曲高和寡的情形已是很明显的了。人不我知,俟之后人吧。这或许就是"不知不愠在我心"的注解了。

钱先生春联是写的自己的经历和体会,而其他人,则经历或许也会是一样的因世运而有忧乐;然而这"不知不愠在我心",就不很容易做到了。这不知不愠,自然是"非浅学所当骤企也",不过如果太计较知与不知,太容易小愠大愠,那就太辛苦了。还是比较得自信,比较得坐看云卷云舒,比较得宠辱无惊为好。例如我做教师,如果校长不我知,应当还有学生和家长在。自己努力下去,世运还是尊师的。

钱穆先生的心情和境界,是我所景仰,所企望的。自己以为,这副春联,其实可以当作人生的座右铭。

由于不喜欢一些市面上流行的春联的内容,连续三年,我都是自己书写一副老春联。三年全写这副老春联——有忧有乐依世运,不知不愠在我心。

一般春联,总是吉祥如意、恭喜发财什么的,但是,一帆风顺有喜无灾的年辰是不多的,多的是有忧有乐,我们希望乐,不想忧,可是这却是不以人的意志而转移的。"世运"的力量比个人的意愿作用大得多。钱宾四先生的一生，就是有忧有乐的一生，而我的几十年，也是有忧有乐的几十年。古人云"不以物喜，不以己悲"，这就是知道"世运"知道"天命"，所以能正确对待。

"人不知而不愠"是孔夫子所谆谆教育我们的，虽不能至，心向往之。如果偶有不顺利就怨天尤人，其实吃苦的还是自己，而且不大会有什么积极的效果的。常说的知足常乐，其实也有些这样的意思。君子无入而不自得，也是差不多的境界。

这样的春联贴在门口，记在心上，自己觉得，一年的日子会过得顺畅些。所以连写了三年了。

二

新春来旧雨 小坐话中兴

钱宾四先生在台湾素书楼居住的时候，每逢过年，都在家里写几副春联，贴在门口、书房里或客厅里。年头上亲戚朋友学生们来拜年，看见喜欢的联语，有人就会抄下或是拍一张照片回去保存。后来钱先生逝世，《钱宾四先生全集》编辑出版时，人们就把自己保存的联语贡献出来，被收入《素书楼余渖》的"诗联辑存"部分。这"新春来旧雨，小坐话中兴"就是其中一幅，其复制品，现在挂在台北素书楼钱先生故居的书房里。

这联只有十个字。过年了，老朋友来，一起坐一会，谈谈中兴的事。"旧雨"是老朋友，这些老朋友，或许有教授、院士、官员，还有先生的门生等等。拜年会说一些各方面的话，但是一个重要内容则是"话中兴"。

这"中兴"是怎么一回事？据书中所载，这春联是"民国五十七年戊申"所做，同年有另一联："岁星已卜风云变，炮竹如闻鼙鼓喧。"这一年，其实钱先生还没有迁入外双溪，素书楼尚在建造中。那时候，大陆"文化大革命"正方兴未艾，台湾地区领导人大概适时地提出"中兴"的口号。这口号，当时应是很被人们关心的，所以拜年也会"话中兴"吧。

在当年的素书楼，钱先生和他的旧雨们小坐话中兴，具体讲的是些什么？现在除非找到当事人，否则是很难考的了。但是，看看钱先生在这段时间写下的文字，或许还是可以推知一二的。在钱先生《中国学术思想史论丛》（十）里有一篇《一位高瞻远瞩的政治家》，写作时间是 1968 年 10 月，和这春联时间比较相近。此文第一节就说：

自蒋公于两年前国父孙中山先生百年诞辰提出复兴文化"伦理"、"民主"、"科学"三纲领以来，全国响应。有关此一号召之阐发讨论，散见于报章杂志及各项著述中者，风起云涌，使人有目不暇给之感。然有一问题不得不特别提出者，窃谓讨论文化实不应过分把"新、旧"一观念强做分别，并据以为衡评文化高下得失之基本。此层至关重要，当稍加申说。

由此可见，当时学界（及其他人）对蒋先生提出的复兴文化"伦理""民主""科学"三纲领都很关心，都在热议。过年时候，自然也会成为谈资了。最后说到"新旧"不能成为"文化高下得失"的评判标准，这问题其实当时两岸都有，钱先生说至关重要，或许主要是说的当地情形，但是我们今天读，自然也会联系大陆的情形了。

所谓"讨论文化实不应过分把'新、旧'一观念强做分别，并据以为衡评文化高下得失之基本。此层至关重要，当稍加申说"，这"稍加申说"，其实也花了不小篇幅。这里也来稍微引述一点，以推测当年素书楼小坐话中兴的情形。

"人类社会不断有事物翻新"，但是应注意，物质方面"必然是新旧杂糅，无全新，亦非全旧"，即使科学最发达的国家也存在旧器物旧建设，新旧并存。人事方面，一切风俗习尚、宗教信仰、文学艺术之爱好等等，都在变化中，"不得划一时期，认此以前皆属旧，认此以后乃属新"。文化不超出物质和人事，而又不得以分别论物质论人事者来论文化。"新、旧之分，决不足为衡评文化之标准，而且新旧不遽是是非，新者不必是，旧者不必非。此事人人易知，不烦详说。"

以上是针对当时台湾情形说的。其实当时大陆，破四旧，横扫一切等等，岂不都是完全违背这人人易知的常识的倒行逆施吗？

关于五四新文化运动前后和当年"文化大革命"，钱先生说过"唯新是尚"，"好新厌旧"，"全盘西化"，"凡古必斥，凡旧必破"，"打倒孔家店"，"线装书扔毛厕"，"礼教吃人"等等。

蒋先生提出文化中兴，而说者却提出"复兴非复古"，这其实仍是积非成是，昧失本原，以为"古"的东西必不可复。应知

"求一国家之现代化，与尽量毁灭其国家之旧有部分，断非一事，不当混并为说"，"在此举世现代化之新潮流中，固尚有极大分量之旧传统存在，此乃一不掩之事实"。

可以想象，当年素书楼小坐话中兴，这些应是重要内容之一吧。

蒋先生文化复兴三纲领——伦理、民主、科学，当时台湾不少人认为民主、科学乃为急务，伦理一项则可有可无，为一门面语。钱先生认为"此实为我国人所当加深警惕，加细剖辨"。

这不免让人联想大陆几十年来的情形。1966年那会儿，自然是造反有理，不讲什么伦理的了。其实从1949开始，历次运动中就提倡大义灭亲，批判家庭观念，要求"剥削阶级子女"背叛自己的家庭、背叛自己的阶级，后来又有了所谓"可以教育好的子女"的专门名词。那时以来就是"亲不亲阶级分"——这就是新的伦理了，"没有无缘无故的爱"——父子夫妇弟兄之爱，就是无缘无故的了，只有阶级才是真的亲。所谓不破不立，这个从新文化运动就已开始的破，一路破来，破了"旧伦理"，但是，有没有立起新的伦理呢？

钱先生的文章说：

> 然则蒋公所提示复兴文化之三纲领，乃是同条共贯，一本于中国传统文化之大理想，而又接应世界潮流，为国人之各自努力于承先启后者作张本；何尝是一种新旧之拼凑？更何尝是以"伦理"一项保存旧道德，以"民主"和"科学"两项追求新功利，所可分别以求，一如少数人所想象？……中国传统文化中所特别

注重之伦理一项，其中所包涵者，乃当普及于文化体系之各部门、各方面，而又为社会大众人人之所能知能行；虽少数才智杰出之士，亦复莫能自外。今若将蒋公所提示之文化复兴三纲领，各各分别而观，不知综合会通而求，则终无当于中国传统文化之大理想；使人误认谓伦理一项，仅为社会大众匹夫匹妇之愚碌碌无可表现者所当修行之一种私人道德；而政治上之大功业，科学上之大发明，则各有其途径。各有其目标，可以各自分道扬镳，与伦理一项漠不相关。如此演进，则人类大群集体之共同生命终将为之解体，而我中华传统文化之大理想亦将无可表现，无可存在。

以上钱先生在文章里反复言之的伦理之重要性，则十分可能是当年"新春来旧雨"时会谈及的议题吧。

三

淡饭粗茶　长向孔颜守乐处
清风和气　每于夷惠得真情

这一联在钱先生，应是身体力行的多年经验，修身齐家达到的现实境界。而在我们后辈，则只能是虽不能至，心向往之的自勉。这"孔颜乐处"，是和"淡饭粗茶"必然地联系在一起的，要追求物质享受，就没有这种乐趣了。"夷惠真情"，伯夷是圣之清者，周武王去伐纣，他和叔齐扣马而谏，未被采纳，他们俩就到首阳山，义不食周粟了。柳下惠是圣之和者，比较能适应环境，但又不失原则。

钱先生在香港办新亚书院，是一所私立学校，后来港英政府有意让新亚和其他二所书院合组中文大学，成为政府办的高等学府。钱先生考虑到师生的利益，准备同意，但提出一个条件，这大学校长，得请一中国人当，不能像香港大学一样，必请英国校长。几经谈判，当局终于同意了此条件，请了一位李校长来当大学第一任校长。但是这校长，是英国博士，他宁愿到英国去请没有教育经验的博士来校任教，而拒绝延聘原在新亚书院任教的一些教授。钱先生据理力争而不获，就也辞职不干，应马来亚大学之聘，离开中文大学了。这可说有些伯夷遗风。后来钱先生到了台湾，蒋介石请他住宾馆，他就住；何应钦请他去战略研究会讲演，他就讲了"中国历代政治得失"；蒋介石又问鬼神的事，他就写文章告诉蒋，一个人可以像孙中山先生那样成神，也可以像袁世凯，成为遗骂万年的鬼。出入全在一心，看自己的修持了；到蒋经国请他做"总统府资政"，他也接受了，至少有一秘书可由政府聘请配备，又有医药费可向政府报销，省下钱正好设立了素书楼文化基金会（这笔账是我妄算的，没什么文献可考）。这又可说柳下惠的遗风了。"清风和气 每于夷惠得真情"，必定先有"淡饭粗茶 长向孔颜守乐处"作基础才行。

虽不能至，心向往之。

四

飞越欧亚廿七天相依　亲情应犹在

海峡两岸四十年阻隔　伦理有若无

春联多是用红纸写的，其词语多是喜庆欢乐吉祥的。《素书楼余沈》中所载的《历年春联辑存》中的某些春联，却不符合这一般情况。上面是其一例。

这是 1989 年（己巳）春节的春联。"飞越欧亚廿七日相依"，这是说的前一年钱先生女儿钱易女士从荷兰飞抵台湾探亲的事。"海峡两岸四十年阻隔"，则是从 1949 年算起，其实钱先生先在香港，与大陆虽然没有海峡分开，但阻隔则同。他去香港的时候，女儿大概还在读初中吧。"亲情应犹在"，"伦理有若无"，这是当年许多家庭经历过的。

1988 年，台湾当局开放大陆人士赴台探亲，但只限从国外出发的人进入。当时，清华大学教授钱易女士正在荷兰做访问学者，适逢其会，竟成了大陆赴台探亲的第一人。这应当是一件很喜庆的事。但是，正当家庭和社会都兴高采烈，台湾清华大学校友会准备欢迎大陆来的校友时，有人到法院举报，说钱易在大陆参加过共青团，钱穆是知匪不报，要求法院予以查处。钱先生为免麻烦，让女儿提前结束探亲行程，于到台北二十七天的时候，仓皇离去。所以己巳年春节的这副春联，才变得如此低沉，没有一点欢乐的气象。

多年以后，钱易女士在一篇文章里追述了这二十七日的相依。

当我真的飞越了阻隔骨肉同胞四十载的海峡，踏进父亲生活了二十年的素书楼时，我兴奋激动的心情难以形容。记得我直奔二楼，一下扑倒在坐在楼廊中藤椅上的父亲面前，叫道，爸爸，女儿来了。女儿看望您来了！父亲满脸笑容，拉起我的手抚摩着，连声说，好，好，你终于来了！当晚，父亲破例走下楼，与家人一起用晚餐，饭后又与我谈了许久。他问了我一大串问题：你是不是从欧洲来，为什么到欧洲去，北京的两家怎样，苏州的两家怎样……谈话中一直拉着我的手。啊，父亲的手多么柔软，他的抚摩又是多么深情啊！

我在台近一个月，父亲的胃口一天好似一天，精神也日渐恢复。父亲又开始在楼廊中散步，最喜欢有客人来访，并在一起谈今论古。我常给父亲读报、读文章，父亲还爱听电视新闻。在我到台北的第七天，父亲突然要我为他准备纸笔，然后伏案写作起来。以后又写了好几次，有时一口气可写两个小时，得十来页文字。我又惊又喜，久久地注视着书桌前的父亲。他一会儿深埋着头，下笔的手用劲大，动作快；一会儿又抬起头了，眼光凝聚在远方，完全入了神，浑然不觉周围事物。我在心头低声呼唤，父亲，我今天才看到了您在素书楼的真正生活，我今天才明白了您为几十部著作和难以数计的文章讲稿所付出的心血。您至今仍是思潮汹涌，文笔不衰，您还不老，您的日子还很长很长。

在这下面，钱易女士还写了两段父女相依共享天伦的情景。接下去，就是一个大的转折了。

可恨的是，即使是这样短暂难得的天伦团聚，也被某些人蒙上了浓重的阴影。当时台北报纸上连日刊登对我的猜疑、指责和控告，甚至还有人控告父亲知匪不报。家中电话铃声、门铃声终日不绝，连吃饭也不得安宁。父亲虽然耳失聪、眼不明，却很清楚有人不怀好意，他几次生气地说，他们究竟要把你怎么样？又感叹不尽，这些人已经完全抛弃了中国的文化传统，他们不能理解为什么我的女儿会从这么远的地方来看望父亲，他们是不承认父女之间的亲情的。最终，还是父亲作出决定，让我提前两日离台。我离台的那天下午，我们一家人在花园里摄影留念，父亲一

▲ 1988 年，钱易成为台湾开放大陆人士赴台探亲的第一人。这是钱易与父亲、继母在台北素书楼楼廊上品茗闲话。

直振作着精神，随我们换了一个又一个场景，照了一张又一张，脸上还强露出笑容。但到晚饭后，我向父亲鞠躬道别时，他的面容立即凝重起来，竟不对我说一句话……我万万没有想到，这竟会是我与父亲的永别。

这副春联的背景就是这样。现在想起来，为什么"有人""某些人"会这样残酷地破坏他们的相依亲情呢？大概是执政的国民党制定的探亲政策，在野的反对党自然要反对。如果政府说一律不准探亲，那反对党也会起而反对，批评他们不近人情了。

贾克文先生和孙鼎宸将军

一次，和朋友讨论读书心得，朋友说："《师友杂忆》一书中，可能对于很多学者而言，他们关注的都是民国学界学人的关系，还有钱宾四先生的学术历程。可是我更容易被另外一些文字打动，比如他写一个叫贾克文的书记员，因为对钱先生很敬爱，所以就连烧菜时，都把白菜芯单独做给钱先生吃，而自己就吃外层的老叶子。这些小事情，大概是入不了研究人员的眼，但是对于我这样的读者而言，却往往是那书里最不容易忘记的文字。"

我说，这贾克文先生，的确是书中写得比较生动、比较可爱的一个人。

贾先生是从外地到北平一位教授家来应聘书记员工作的，但是人到第一天，那位教授随口说了一声请给我倒一盆洗脸水来，贾先生就生气了，说我是应聘来做书记工作的，怎么可以叫我倒洗脸水。当即表示辞职不干，要回去了。那位教授感到自己错了，挽留无果，才把他介绍到钱先生处，免得他徒劳往返，白来北平一趟。钱先生当时妻子、儿子都在，有乳娘，有佣妇，自然不会有杂事麻烦书记员。后来一次钱先生全家回南方，商请贾先生一人在北平留守。后来钱先生回北平，家人没有同来，想请一佣妇管家而找不到，只有两个人过。贾先生问两个人怎么过，钱先生说你一个人不也过了这么一段时间了吗，现在两个人也就这么过好了。贾先生说，我自己做饭做菜自己吃还可以，你先生怎么吃得惯。钱先生说，请你做饭已经很对不起你了，怎能再追求口福。于是贾先生就担任起做饭做菜的事，还有扫地抹桌的事等等。贾先生在钱先生处做了近一年，他的一亲戚是当时的高官，介绍贾去外地做警察局长，贾先生做了几个月，说不习惯，又回北平，在警察局换了一个外勤工作，这时钱先生一家人又回北平，住房也是贾先生帮忙找的。以后两人也时常来往。直到钱先生随学校南迁，贾先生还常来照顾钱先生家庭。再后来钱先生家也搬回苏州，贾先生仍长与钱家保持联系，说钱先生回来时，还会来追随左右。到钱先生八十多岁时，钱先生的侄子伟长先生与钱先生见面，告诉钱先生说，几十年来，贾先生每年过年都去看他，包括他因右派事受难时。后来贾先生年老，就让儿子代他来。

除了贾先生，《师友杂忆》中还有一位孙鼎宸孙先生，也写得非常生动和可爱。孙先生原是抗日军人，多年征战，升任苏州的城防司令。他驻防苏州时，钱先生正住在苏州。由于孙司令在军中常读史书，也读过钱先生的史著。有一天就到钱先生家访问请教，两位谈得比较投机。二人在苏州有近一年的交往，后来钱先生去广州任教，离开了苏州；后来孙先生也离开了苏州。再后来，钱先生在香港办新亚书院，新亚书院又对社会举办学术讲座。这时，孙先生也全家来港，知道了这学术讲座，也就每次都来听讲，并编成《新亚学术讲座》一书出版。以后新亚研究所成立，孙先生在所学习研究，写成《中国兵器史》一书在台北出版。钱先生说这是新亚研究所成立后，出版的第一部专著。除此以外，钱先生又写到孙先生一家在香港的生活，房子小，孙先生夫妇只能睡行军床，而且白天要拆掉，让出一家人生活起居和孙先生读书写作的空间。"余初不知其生活之清苦有如此，而勤学不辍，绝未有一言半辞吐露其艰困。乃大敬之。亦新亚艰困中所特有之一例也。"钱先生还说到，"后因其女留学加拿大有成，鼎宸夫妇随去。余八十之年，鼎宸曾编有余历年著作论文一目录，搜罗极详，编次极谨。亦见其虽身在国外，勤奋犹昔，年近七十，而能不忘故旧一如往年有如此"，赞叹有加。

在我们的讨论中，朋友又有以下的一段话：

现代学术的一个最大特点，就是人学分离，也就是学与"德"分离，这个"德"并不是普通意义上理解的"道德"，而是做人要与治学是一致的，而现代学者，且不论当代，就从晚清到民国，私德就是一代不如一代。而钱先生为什么能拥有那么多真心的追随者，实是人学是合一的，是一致的，他所宣扬的文化真相与他的所为所行是不悖的。所以，读宾四先生的书，心中始终是温暖的，无论世道人心如何，总不会失去信心。

这一段话，或可说明我们为什么觉得钱先生写的这两个人可爱。原来就是因为在他们身上我们可以看到那做人的道德，可以给我们带来温暖，带来信心。为什么钱先生会把这两个人写得如此生动？恐怕也是因为他们那种做人的道德，深深打动了钱先生的心，几十年过去，印象仍深刻，所以才写得生动。

对于我们这样的读者而言，这本书里这样最不容易忘记的文字，至少还有关于秦仲立校长和关于朱怀天先生的两大段。这里就不详引了。这些前辈，都可以说是儒家人物、传统人物，和钱先生是同一类的人物。都说余英时先生是钱先生的嫡传弟子，但是，要说和钱先生的"相似度"，余先生还是比不上他们这几位的。

钱穆先生的母亲

有一年春天，一家报纸向钱穆先生约稿，请他写一篇纪念母亲的文字，供报纸母亲节专刊用。这一年，钱先生九十多岁了。在他八十岁时他写的《八十忆双亲》长文，前些年已经和《师友杂忆》合在一起，在香港和台湾出了书，但是这次母亲节约稿，他仍是接受并完成了。

钱先生十一岁时父亲就去世，当时母亲是四十一岁，他们四弟兄最大的也还没有成年，小的只有三五岁。是母亲一个人把他们带大（有钱氏的义庄的帮助）。母亲是一农村家庭妇女，钱先生文字《怀念我的母亲》也多从家庭生活着笔。

第一是说的父亲不在了，当时自己年幼，后来关于父亲种种，多是从母亲讲述得来或是母亲讲给大哥听过，大哥又转述的。还有亲戚好心要给大哥介绍出去学生意（到商店做学徒），是母亲说他父亲希望他们能读书而婉谢了（后来大哥读完一年师范班，回乡做教师）。

除了将父亲的志向言行等讲给孩子们听，那时七房桥五世同堂大房子里有关家庭和长辈的种种，母亲也讲给孩子们，"从不说某人好某人坏，只告诉某长辈某亲属的性情好恶，俗话说他的一切脾气，让我们知道如何样来对待这些长辈们"。例如外婆家有两位舅舅，钱家有伯父姑母五人（五家），各人性情怎样，有何喜好等等，平日母亲都会讲给他们听，"所以近亲相遇，我们兄弟都能应对有方，不失礼貌"，甚至同村远亲有来往的，也都会给他们介绍过。钱先生说，这些都是母亲教的，父亲那时似乎是无暇及此的（今之父母或许对此也不是很注意的吧）。

后来四弟兄都大了，成家分家了。母亲有时住这家，有时住那家，四家都住过，婆媳关系都很好。钱先生写道"夫妇相处，不免有意见，有口角，但婆媳相处，则无论哪一位媳妇，对她们的婆婆，从来都没有过意见。""始终无芥蒂，积年婆媳相处，可以说是永远和乐相亲的。"

还讲到家务，每年家里做腌菜，有时夏天晒制酱油醋等等"我母亲必亲自操劳，由媳妇们帮忙"（钱先生还写到，今天的家庭这项习惯是全取消了）。

然后是孙子。钱先生说，母亲最喜爱的孙儿是长孙伟长，还有我的长子拙儿。关于伟长，有这样一段场景，母亲在灯下纺纱，钱先生在旁边读书，伟长在叔父对面读书，祖孙三代，一盏灯，到深夜，"这真是当年贫苦生活中人生一乐事"，"在我记忆中，永难忘怀的一幕"。关于拙儿，是钱先生在北平时接母亲去同住，母亲、拙儿和奶妈同住第三进院，所以母亲就很钟爱他。后来抗战时母亲本住无锡乡下八弟家，想着这拙儿，钱先生夫妇就迎她到苏州同住了一年。

最后钱先生母亲就在苏州过世的，但是这时钱先生已不在苏州，回后方学校去了。钱先生"衔哀在心，默默不作声，只自己单独一人在研究所外田野中散步，自晨到夕。深夜在卧室独自痛哭，稍申自己内心的悲痛，如是者盈月，别人尽疑我生活现象怪特，又不敢率直致问。我心如此不安，遂终于应武汉大学之聘，离开成都，前去嘉定讲学一月有余。再应教育部聘去重庆青木关开会，又答应那年的中学教师暑期讲习会。待我再返成都，已经历了整整半年多的时期，我的心情遂开始稍觉好转些。"

钱先生文章最后，"我母亲的一辈子，可用《论语》上'贫而乐'三字来作形容。但使我最难忘怀的，是辛亥年那一年的夏季，我十七岁，得了伤寒病，误用了药，几乎不救。我母亲朝夕不离我身旁，晚上在我床上和衣陪眠，前后七个星期，幸而我终于痊愈了。我之再得重生，这是我一生中对母亲养护之恩最难忘怀的一件事。现在我的外双溪住宅，取名素书楼，就是纪念当年在七房桥五世同堂第二大厅素书堂我母亲护养我病的那番恩情。"

钱先生当年最后一次离开母亲，是在抗战时期民国二十九年初秋。《八十忆双亲》书中有载"余只身离母遄返后方，先母率诸孙自园送余至大门，可数百步之遥。余见先母步履颜色，意气谈吐，不虑有他……"这里说的园中，就是苏州耦园的东花园，从东花园到大门，就是有几百步，老太太步履轻健，不料后来疟疾、胃疾迭发，乃于民国三十年阴历新年初五辞世。钱先生说"除余在成都，长孙在美国，六、八两弟及余兄弟四家诸媳诸孙，皆环侍在侧，同视殓葬。先母年七十六，余年四十七。"后来钱先生回苏州，去无锡，到香港，回台北，直到先生九十六岁，老母亲一幅遗容照片，一直跟着先生，都挂在先生住处。后来从素书楼迁出，照片也带到台北杭州南路寓所悬挂，先生逝世后，在这家中挂着又是二十多年。到二〇一二年钱太太逝世，杭州南路后继无人，这张珍贵的老照片近由亲友护送回大陆苏州钱家。这一天离老太太逝世已经七十多年，当年随老太太在耦园门口送爸爸的诸孙，除了也已逝去的外，都退休多年，以下的晚辈，则只有在《八十忆双亲》书中和其他文章中读到过这位老祖宗，老照片也只是第一次见到（原存大陆的老照片，历经多次运动，已经片纸无存了）。

悼念继母大人钱胡美琦女士

　　继母大人 2012 年 3 月 26 日凌晨于睡梦中安然过世，享年八十三岁。有朋友读了我新近出版的《思亲补读录：走近父亲钱穆》一书，写了一篇读后感，其中有这样几句话："有一点我不太了解，作者在书中多次提到继母，表达对继母的感激与敬佩，但对自己的生身母亲竟很少提及。作为一个女人，含辛茹苦几十年，独自养大了五个孩子，其中的辛苦与辛酸，实非常人所能想象，作为儿子应该体会至深吧，为何不谈？倒是作者的女儿在附录中详详细细介绍了这位了不起的女性。"其实这是因为，一篇一篇写读父亲书的所感所想时，是在父亲的精神世界中。在那个世界里，继母是父亲思想的追随者和陪伴者，自然提到继母的时候就比较多了。1980 年，我们大陆的子女第一次在香港与父亲再会面时，父亲就郑重向我们介绍说："这是你们的继母。"——事实上，父亲以前已经在书信里介绍过。而且，在我们到达香港红磡时，继母来车站相接，还是继母首先认出了我们兄妹四人。第二次，1984 年到港为父亲祝寿，生日那天，我们列队向父亲鞠躬拜寿，当时我说"祝爸爸生日快乐！"的同时，也说了"谢谢妈妈"的话。多年以后，听父亲一位朋友对我们说起，若不是钱太太，钱先生晚年生活没有这样好，甚至学术成就也不能如此好。我就觉得，这其实也是我当年就有了的想法。父亲在的时候，继母自然是贤内助。后来又多了我们这些子女孙辈，继母就又有了良母和奶奶、姥姥的任务。这些子女，虽然都是成年人了，继母会用适当的方法来"相夫教子"，而对于孙辈的升学、生活，甚至结婚等等问题，也都视同己出，即使是对唯一一个从来没有见过面的孙女，也一例询问关心。父亲去世以后，一是出版《钱宾四先生全集》及《钱宾四先生学术思想小丛书》，一是"素书楼文教基金会"在大陆开展工作，为全国优秀中学生举办"国学夏令营"。这两件事，成了继母大人生活的全部。在这两件大事之外，还不忘安排我和小妹钱辉去台湾一次，看看父亲在台北的素书楼故居，甚至带领我们全台湾旅游观光，从台北到台南，沿东海岸，又经横贯公路，在高山险路中，看到当年父亲为蒋经国先生撰写手书的修路殉难者纪念碑……继母积劳成疾住进医院，我们兄妹曾想去台湾陪侍左右，未能成行。继母大人说，你们年纪也大了，自己保重，不用来了。三年住院，大陆九州出版社出版的《全集》终于在今年出版到最后的一册《素书楼余渖》了。继母的在天之灵可以得到一点安慰了吧。她还有一个遗愿，就是要归葬大陆，永远和爸爸在一起。此刻，我们做子女的，虽然不能跨海峡奔丧，他日归葬之时，再为继母尽一点最后的孝心吧。

（2012年4月4日《联合报》）

钱穆先生珍贵家书：1980年4月致钱逊

　　我今年已八十六岁，自七岁始识字读书，到今恰八十年。自念唯有苦学二字，而因此对爱国家、爱民族，积有一番信心。我对此八十年来之所学所信，亦不啻即是我之生命，我对此不得不倍加护惜。所以在三十一年前离家去国，只身避香港，此诚一不得已。否则若自认我此所学所信全错了，我实对不起我一生之苦学，亦对不起国家民族；良心受罪，我何能堪？到港后，生活上之艰辛困苦，亦非笔墨能详。但此三十一年来，苦学如常，我之所学所信亦日增。随时写作，其分量较离大陆前亦倍增。我今所能告汝兄弟姐妹者，亦惟此而已！我一时不能回国与汝辈一见，亦恨我所写作，汝辈亦无缘见到。然我亦惟此可以上报父母，下告诸儿；而我之爱国家爱民族之心，亦惟此可以广告后代。回念我此一生中，所见吾国人之受苦受难者，真复何限，则我父子今日之遭遇，未为过酷于他人。汝辈今日虽求与我一面，亦我此三十一年来之愿望。若天佑我国家我民族，或最近将来，能达此望，则何幸如之！

这个本来属于家庭档案，保存在收信人手中。2014年12月，香港中文大学新亚书院编辑出版《钱穆先生书信集》一书，收入了这信和其他许多钱先生写给港台海外门生和大陆儿子的信，但是这书在香港发行，在大陆比较罕见。

"三十一年前离家去国，只身避香港，此诚一不得已。到港后，生活上之艰辛困苦，亦非笔墨能详。回念我此一生中，所见吾国人之受苦受难者，真复何限，则我父子今日之遭遇，未为过酷于他人。"以上都是当年钱先生所要告诉（告诫）刚刚开始恢复通信的几十年没见面的儿子的，三十多年后，《书信集》的读者乃有机会"旁听"一下这些训子之言。读他的著作，或许可以读到他的思想、观点、学问等等，读此信（之片段），或许可见先生的生活、感情、为人之一斑吧。

第二部分　教学相长

若我当一位小学先生，拿一百元日薪，生活尽艰苦，而我心中觉得我在此干教育事业，我要教导此一批穷苦孩童，使他们懂得做人的道理，将来对社会有用，这就是我的事业了。

——钱穆论教育事业

钱教员初遇秦校长

清朝末年，钱宾四先生在南京上高中，这时爆发了辛亥革命，学校暂时中断教学，钱先生回到家乡，就到一所小学去教书。这小学在无锡乡间，只有两间教室，四十几名学生，一个教室是初小，另一个是高小，各有好几个年级。钱先生当时十七岁，教高小国文、史地、英文、数学、体育、音乐等课，还有初小的一些课，每星期三十六节课。住在学校里。

校长秦先生和钱家是亲戚，比钱先生长一辈，年龄也大一倍多。钱先生第一次去见校长，进去先鞠躬行礼，校长坐在那儿，也没起身，只稍为点点头，说了几句话，就让他回去了，仍是钱先生鞠躬告退，秦校长坐着，点点头。

开学以后，校长看见钱先生桌上有一部《文选》，就问：你也喜欢这书吗？钱先生说，我从《曾文正公家训》上知道这本书，所以找来读，但也不能全懂。校长露出笑容，说你也喜欢《曾文正公家训》，倒和我是同好。

下一次钱先生去校长书房，仍鞠躬行礼，校长点头时身体动了一动，像要起立的样子，可是仍没立起。校长说，你投给《东方杂志》的应征文，取了三等奖，奖金二十五元（当时先生每月工资是十四元），原来这是上一年底钱先生还没到这学校来时写的，是讲民国今后的外交政策的（后因被认为事关国家机密，文章没公开发表）。

接下去秦校长提一要求，说他自己在读商务印书馆的函授学校，最近寄来的考试题，有一篇作文，没时间写，你能帮忙写一写吗？钱先生说我试试，写好后还是您改定。这文章写好后，钱先生交校长的儿子（也是学校的学生）带去，第二天他再过去，这次当他鞠躬行礼时，校长站起身来答礼，还亲自给钱先生点烟抽，前所未有。先谢谢代写文章的事，又说，当初他们介绍你来教书时说过，是介绍一个和我共学的人，你真是一合适的人选。我这儿书很多，一个人根本读不完，想请你代读一些，读后告诉我书中大意，就省我时间了。钱先生答应了，秦校长就从书架上拿了一本严复译的《群学肄言》，并介绍了代读的要求，要把生字查出，写在小纸条上，小纸条再贴书上，以后不要这纸条时，可以再撕去而不伤原书。

钱先生按要求读完，做完，去交差，秦校长又考了他好几个问题。一本结束，第二本校长让钱先生自己选书，他又选了一本严复译的书——《穆勒名学》，以后又读了严复译的其他书，钱先生晚年回忆，说"得益匪浅，则亦仲立（秦校长名）之功也"。

这一学期，钱先生常去校长那儿，讨论学问，第二学期，校长又请他代学世界语，说是自己报了名，可是有病了，所以请代读代考，以后病好后再请你教我，钱先生学了一阵，后来秦校长不幸去世，这世界语就没学下去。第二学期结束后，钱先生离开这学校，到另一所学校教书了。

晚年钱先生回忆这第一年教书生活，说："回念余自民元出任乡村教师，得交秦仲立，乃如余之严兄。又得友朱怀天，乃如余之弱弟。唯交此两人，获益甚深甚大。至今追思，百感交集，不能已。"

第一次到学校做老师，遇到秦校长这样的校长，说是请你代学帮学，其实是帮你学带你学，钱先生真是十分幸运，所以在他写的《师友杂忆》里，用浓笔重墨写了"三兼小学"这一章，有十页之多。并介绍了秦校长三大志愿，一办学校，二办医院（两样都办成了），三办报纸（因早逝没办成）。

十年乡镇小学

　　钱先生十八岁时就开始在家乡做小学教师，那是民国初年的事。在几所小学做了七八年教师后，他主动请缨到一所初级小学做校长，做了一段时间后，寒假后（当时是寒假始业，每学年从寒假开始）想为学校再请一位教师。钱先生想到几年前的一学生，升学读完后也在做乡村初小校长，想请他来共事，就写了一信去，可是没有回音。

　　元旦放假，钱先生早上起来，就步行去找他，从荡口走到甘露，大约有五华里路。钱先生到时，那位校长刚起身，正在洗脸刷牙。坐下后，钱先生问信收到了吗，怎么没回信，是不愿来吗？他说，您也别问了，今天元旦，老师走了这么多路来学生这儿，学生可才起床，刷牙还没刷好，如此情形，学生怎敢到老师那儿去一起共事。如去了，学生老被您骂，老师自己也会生气，所以不敢去，也不好写回信，请老师原谅吧。钱先生说，这我知道了，但你原来不是这样的，怎么会变成这样了呢？他回答说，我老实说，您可别骂我。学生在这做校长，一天忽然想，今年小

▲ 珍贵的钱穆先生早年授课照片

学校长，明年还是小学校长，这样一直下去，有什么意思。钱先生对他说，你应该想，六年前你还是小学生，以后是中学生，以后又是小学校长，可以说升得很快的了。我六年前是你老师，现在和你是同事，还没有你那种想法，你怎么会这样想了呢？他说，我也想不通，所以也没敢给老师回信。

钱先生又问，你觉得做小学校长没意思，又想做什么比较好呢？他说，有个学生从上海买来一台织袜机，请了一女工，织袜卖，赚了钱又买了一台，慢慢地现在已有三台，等有十台机，我就辞去校长不做，开一袜厂了。钱先生说，那你今年袜厂老板，明年袜厂老板，这样一直下去又有什么意思呢？他回答，六年前学生也知道听老师教导，可现在忽然生出这妄想，摆脱不了，也没办法。等哪一天学生想通了，再来追随老师干吧。这事就这样没有结果。

几十年后，钱先生从小学校长又做小学教师、中学教师、大学教师教授、大学校长等等，最后是著名学问家了，那想做袜厂老板的小学校长，后来怎样就不大知道了。

1919年，钱先生离开鸿模小学到后宅去接任泰伯市第一初级小学校长，离职时，曾有一名叫华人立的学生因太热爱这位校长，写血书挽留先生。钱先生曾为此事写了一首诗：《华生人立从学仅一月，于我极致爱敬，闻我去鸿模，割指破臂，血书挽留我。感其真挚，而望其韬晦益进，作此报之》（民国九年旧作），原发表在1929年（民国十八年）8月5日《新无锡》报副刊《茗边一览》上，2009年11月20日《文汇读书周报》发表了一篇无锡刘桂秋先生的文章，他从民国年间报纸上发现的一首钱穆先生佚诗，是《钱宾四先生全集》所未收，钱先生《师友杂忆》所未载的。原诗如下：

> 爱尔有真诚，慎重常敛收。太刚者先折，舌久以能柔。
> 我去不可挽，女情难可酬。惟当藏苌碧，时以警我偷。
> 在眼血常殷，我心敢倦不。前程各努力，去去复何忧。
> 　不久鹅湖月，还当同夜游。

诗题说"感其真挚，而望其韬晦益进，作此报之"，但是诗的内容，则除了勉励华人立以外，还有很重要的自勉意义在内。

鸿模是一所完全小学，钱先生教的是高小。当时小学生的年龄，并不如现在这样，同年级的基本同龄，而是会有年纪大一点的和小一点的在一起读书。所以，估计华人立前辈当时应已是一成年人，不可以今日小学生的情形去看他。钱先生说韬晦、敛收等，都是根据一月中的了解而对他提出的希望；下面"唯当藏芳碧"以下的几句，也不是居高临下，而是用平等的态度叙说，古人说"亦师亦友"，这就是一个例子。"不久鹅湖月，还当同夜游"，未知他们后来有没有重新聚首的机缘。

钱先生《师友杂忆》里记述过从鸿模到县四小学去的事。钱先生在鸿模的时候，教的是高小三年级的国文、史地等课，同时代改高四年级学生的国文课卷。后来县四小学成立，校长由原在鸿模教高小四年级的华澄波老师担任，乃请钱先生也去县四。起初钱先生是两面兼任，一年后，离开鸿模，专在县四。但此时只是 1915 年。在县四任教四年后，又离开县四回鸿模专任一年。是 1918 年夏至 1919 年夏。到 1919 年秋季开学，钱先生离开鸿模到后宅去接任泰伯市第一初级小学校长。上面这诗因作于民国九年，所以其中所记之事，就应是这次离开鸿模时发生的。

从诗中"时以警我偷"，"我心敢倦不"看，钱先生对这件事是很放在心上的。而他在后宅小学，有许多改革，试验，工作之余，也写了许多稿件发表，后来也因此被厦门集美聘去任教。钱先生和华人立血书和报诗，真是教学相长的一个好例。可惜的是，后来华前辈的发展不为我们所知（华前辈日后前程，猜想无锡史料里会有线索的，真希望能有发现）。

这首诗，非但给研究钱先生生平提供了史料，就是对研究民初教育史的，也是一个可贵的线索。当年一位老师从一所学校调到另一所学校，会产生这样感人的故事。这样的师生关系，对于今日的校长教师，又会有怎样的启示和激励。

钱先生在后宅小学是 1919 年到 1922 年的事。在《师友杂忆》书中有专章记载。其中讲到两个教育故事，一是关于杨锡麟的，一是关于一邹姓学生的。一个作文教学的经验，一个给上海《时事新报》副刊《学灯》投稿的经过。（当时所投获刊出的一些稿件，现在《钱宾四先生全集》中可以查到）。另外，又说到病假期间筹办图书馆事，以及邀请一位在另一初级小学工作的鸿模小学毕业生来校共事而未成的事。

当年的后宅小学是一初级小学，毕业学生多在本镇家长所设商店、茶肆、酒馆、猪肉铺、糖果摊等处服务，极少升学（钱先生因不满这种情形而辞去后宅职务，转至无锡第一高小任教）。现在的后宅小学则是一所完全小学，而且是江苏省实验小学。毕业生多能升学深造。2008 年，学校为校庆 100 周年纪念，特别请雕塑家制作了钱穆先生坐像一尊，安放在教学楼前，并于校庆当日举行揭幕仪式和钱先生教育思想研讨会。

在这研讨会的资料中出现了一条当年《锡报》上名为《小学校之新设施》的新闻，被学校老师们称为"钱先生教育思想的又一发现"。其原文如下：

泰伯市后宅第一国民学校职员钱宾四，对于教授，取自动与开发主义。校中设有邮务局，所以便儿童实施通信。日前钱君特发通告，命学生答复。其通告云，请你把以下几个问题回答我：

（一）你情愿吃得好些还是情愿着（穿）的好些？

（二）你在家里怕的人是哪个（没有怕的人就写没有）？

（三）你现有物品中最中意哪一件？

（四）倘使你现在有钱，你要买一件什么东西？

（五）你喜欢和谁人谈话？

（六）你要问我什么，也请你写在下面（至多只好问一条）。

这一张纸请你在明天邮箱内寄还我（下写学生姓名）。

（《锡报·市乡琐闻》民国十年九月十一日）

这确可称为一发现，因为已是八十多年以前发生而以后很少提及的事了。"自动与开发主义"，这看来是记者先生创造的名词，但是六个问题，却确实是钱先生设计的。新闻里写学校职员，其实是学校校长。《师友杂忆》里讲到的几个教育故事，都反映了他对学生情形的深入了解。看这里的通告，可知不只是对杨锡麟和邹姓学生是了解，而是普遍的深入了解的。特别是第六问"你要问我什么"，则恐更非今日之校长（甚至班主任）所能对学生提出的。

补正

《思亲补读录》这书是 2011 年出版的，而其中文字的写作时间还要早（早一二年到十来年）。虽然现在个别书店还在发售，这总是一本旧书了。

近日翻读这旧书，见有不少不足之处，应当补正的。虽然晚，也应补，并且应当道歉的。

原书有一篇《十年乡镇小学》，是写民国初年父亲在无锡教小学时的事。主要依据是《师友杂忆》一书中的记述。而补充了

2009 年 11 月上海《文汇读书周报》上刘桂秋先生发布的从当年无锡报纸上找到钱先生佚诗《华生人立从学仅一月，于我极致爱敬，闻我去鸿模，割指破臂，血书挽留我。感其真挚，而望其韬晦益进，作此报之》。

在引述此事后，当年我在书中这样议论，说此诗除了勉励华生以外，还有很重的自勉意义在内。既对华人立提出了希望，而"惟当藏芟碧"以下，就都是自勉互勉的意思，不是居高临下，而是用平等态度叙说等等。我还加了一句，"'不久鹅湖月，还当同夜游'，未知他们后来有没有重新聚首的机会。"然后又说，"华前辈日后前程，猜想无锡史料里会有线索的，真希望能有发现"等等。

这首诗是 2009 年刘先生发现的，后来我看见，就引录到我文中，发在网上，时间也在 2009 年或最迟 2010 年初。后来收入书中就这个样子。但是其中"未知他们……"，"真希望能……"等两处，按理不应当原样收入书中的。其实我在 2010 年 3 月写在网上的一篇《钱先生佚诗和师友杂忆》文章里，已经知道了他们重新见面，而且是一次不愉快的见面的事，可惜的是，出书的时候，收入了写在前的旧文，漏收了写在后的文字。

作为补救，现在把 2010 年 3 月那文摘一些在下面。

这诗发表在华生血书挽留之后好多年，说明此事在钱先生心中影响非浅。钱先生离开鸿模到后宅小学后发生的事，在后来的《师友杂忆》书中有不少记载，这华生的事，会不会也有记述呢？经查的确是有，不过说的不是这赠诗当时民国九年的事，而是在这以后钱先生在无锡三师时事。

"余前在果育小学投考常州府中学堂时，得识华叔勤。及在鸿模小学任教，叔勤特命其二子自城来从学。余离鸿模时，叔勤幼子抽刀割手指，血书请学校坚留。后彼兄弟转学沪上，肄业某大学。余在三师，一日，忽其幼子来，劝余进同善社。余却之。彼坚劝不已。谓得师一人入社，功德胜劝千万人入社。余无法开导，只言再说。越数日，又来，请益坚，几不容余吐一语。乃严辞命之出。偕之至校门，告门房曰：'他日此人来，勿许其进入。'叔勤幼子聪慧英锐，有绝人之姿。不谓数年间迷信当时盛行之同善社，一变至此。亦可惜也。"

在和一朋友讨论《师友杂忆》这书时，朋友说了这样一段话："钱穆先生在批评任何一个同时代的学者时，在回忆录里他都试图给予最大程度的理解，所以也说了许多看似表面矛盾的话，这是他理解力的全面，但也透露着一种人为的努力，力图使自己公正，而掩饰自己的情绪。"现在所引这一段，则是先生在谈他的学生三人（和一位同事），除了描述外，有一段结语："余今连带忆及此四人，则一时人心之分歧，人才之奔溢突出，无共同之趋向，而国事之艰，社会人事之乱，亦可由此推想矣。"这其中，这华生人立，当年钱先生曾有诗赠之，"不久鹅湖月，还当同夜游"。而后来却发展到"告门房曰：'他日此人来，勿许其进入。'"在这样的情况下，钱先生还是把学生的变化归结到人心、国事和社会，而不把责任都算在其本人身上。可见朋友所说"试图给予最大程度的理解"，"也透露着一种人为的努力，力图使自己公正，而掩饰自己的情绪"是不错的。而且，为了便于读者的理解，那一首赠诗（即使钱先生晚年未必保留有底稿，但是不会对这件事全不记得的），也不把它写入（只写了血书的事），应当也正体现了这种人为的努力吧。

"一变至此。亦可惜也。"钱先生觉得可惜，今天我们读着也感到可惜。

当时网上发文，发过后还可以跟帖，有他人跟帖，也有自己再补充几句。我也有几个跟帖：

钱先生说过："所不忘者，正见其与我生命有亲切真实之关系。所忘者，只可证其与我生命关系不亲切不真实，忘之亦可无憾。"忘掉那些不亲切不真实的往事，有的是自然而然的，也有是经过自己努力的。

朋友来示云，"我所说的人为的努力，绝非对宾四先生的批评，反而，我认为，正因为是由于这种人为的努力，而使得宾四先生成为同时代非常不多见的真正的理性型和反思型的学者。"等等。

收入书中的文字和后来网上又写的（未收入书中）的，相差几个月工夫。写后来的文字是因为后来发现了以前读书没发现的内容，而到编书出书，其实也不过十几个月时间，又收了前文漏收后文。真是一错再错，阴错阳错，太不该了。亡羊补牢，虽然晚了，还是有必要的。特此补正，对不起了。

三师往事

钱穆先生到北平燕京大学教书前，是在苏州中学，苏州中学
之前，则在无锡三师。时在 1923 年至 1927 年。无锡这段日子，
除《师友杂忆》中有所记载，其他传记作品中，只有这段日子的
著作情况，而无其他。

当年，三师是所不小的学校，有学校校刊出版，现在或许不
易全看到。但是，我在无锡图书馆里，找到几册，就看到一个
"国服同志会"的记载，钱先生是这会的"领导成员"——宣传
部长。

20 世纪 20 年代，1927 年以前，还是所谓的北洋军阀政府，
五四运动欢迎赛先生（科学）德先生（民主）来救中国，两位
"先生"都是西方的，于是随之也有一股全盘西化的浪潮。西服
洋帽开始流行，学校里当然是得风气之先。有求新的，也有守旧
的，于是有了提倡穿国服的同志会。

国服同志会章程规定，会员有宣传国服（这国服，也不是古
老的"汉唐威仪"，不过是清代流传到民国时的服式，女的旗袍

·95·

男的长衫等吧）和穿用国服的义务。不穿西服，不戴洋帽，如果现在已有的洋衣帽，则允许继续穿用到破旧为止。

校刊上有同志会的组织名单，会长是学生，各部部长也多是学生，有两位老师担任部长，就是钱先生和另一位向老师。看上去，师生参加这会的人数不会很少。是教师主导发起的还是学生先发起教师再参加的，也无从知道。

没找到更多的资料。但在他处可以看到的一些钱先生的照

◄ 晚年的钱穆先生仍喜穿长袍

片，直到晚年在香港、台北，他的穿着也多是国服，穿西装的照片很少见（也见过）。这服式也是一种文化传承的表现吧，有一次江泽民送给来中国参加会议的各国首脑穿的是唐装，其实不妨称为国服的。

有一次，钱先生的子女去香港看望钱先生（20世纪80年代吧），正一起在街头等出租车，忽然有两名女中学生上前来问：是钱穆先生吗？得到答复后，就趋前鞠躬致礼，说是有一次先生来校讲演，也是穿的长袍，今天看见，所以觉得可能是先生吧。当时的香港、台湾，穿长袍的人极少，钱先生晚年的一件袍子，在台湾找不到裁缝店做，还是拿来苏州让子女请人做的。

附带写一小故事。"文化大革命"中，苏州许多人下放到苏北农村，而且是全家下放。有小孩看见乡下的老贫农，竟说是老地主。其根据是他们穿的是长棉袍，在连环画里，这正是老地主的典型服装。悲夫。

在三师，钱先生开始写《先秦诸子系年》和《国学概论》二书。在三师，从一年级到四年级，每年除教课本，又另开一自编教材讲义的课。一年级文字学，二年级《论语》，三年级《孟子》，四年级国学概论。这二三年级的讲义，就以《论语要略》《孟子要略》书名于1926年出版（后来并入《四书释义》一书），国学概论的课没讲完，讲义也没写完，到苏州中学后续写完成出版（1931年）。这些或可称"职务写作"（钱先生自己称，之前在小学写的《论语文解》和现在的《论语要略》、《孟子要略》、《国学概论》四种，是"由学校课程规定而来"）。而《先秦诸子系年》和《周公》则不是职务写作了。

　　写书，是不是教师的职业所要求的？如果不是，那么教师写书算不算不务正业？这在现在也是一个现实问题。的确有教师因写文章写书而受责的。

　　用钱先生后来的话说，这或许是"职业和事业"的区别吧。"职业往往是社会要求于我的，而事业则是我在此职业上善尽责任外，又能自我贡献于社会。一是'职业'为主，而另一则是'我'为主。"教师写书就应当是"在此职业上善尽责任外，又能自我贡献于社会"的表现了。如果要指责他，则只有在他没很好地完成教学责任前提下，才是合理的。

　　无论职业和事业，都会和报酬发生关系。特别是职业，是不能不考虑报酬的。现在就有"跳一次槽，长一次钱"的说法。而事业，则往往不大重视这方面的事。"若我当一位小学先生，拿一百元月薪，生活尽艰苦，而我心中觉得我在此干教育事业，我要教导此一批穷苦孩童，使他们懂得做人道理，将来对社会有用，这就是我的事业了。事业决不能把一应外面的物质条件来衡量。"事业，就是以对社会有用为标准的了。（以上关于事业职业的引文，见《新亚遗铎·事业与职业》）

　　钱先生在三师，有一段时间，因为战乱，不能到学校，在家（乡间）歇着，写成《公孙龙子解》一书，后来补充内容，成为《惠施公孙龙》（后在1931年出版），这显然也不是职业所要求，而是事业的一部分了。

　　《师友杂忆》中又讲到两件事。一是有人劝他参加中国国民党，又有人劝他入同善社，而他都没同意。一是当年三师有二学生，后来加入中国共产党，都有名。劝他参加国民党的是老同事，劝他入同善社的是他学生，而且"聪慧英锐，有绝人之姿"。两位共产党的高官，当年"与余师生之谊亦皆甚挚"。"余今连带忆及此四人，则一时人心之纷歧，人才之奔溢突出，无共同之趋向；而国事之艰，社会人事之乱，亦可由此推想矣。"

下面说一说我现在了解的中学教师。"职业往往是社会要求于我的"，但今天教师职业对教师的要求，却不一定和社会的真正要求相符合，也就是常说的素质教育和应试教育的矛盾。不少学校要求于教师的，就是考试成绩高，升学率高。做得到，就容易升为高级教师以至特级教师，做不到，弄不好就不予续聘了。这样的要求，与教师本人的事业精神就会产生很大的冲突。很难处理好，有的就只好先满足职业的要求了。我认得一些中学老师，他们说，明知不是事情，可没办法，只好如此了。老师写文章，写书也都有，但不少也只是写的教辅书、应试书、复习书等等。"国事之艰，社会人事之乱，亦可由此推想矣"，这句话用在这里，不大适当，但总可由此推想出一些什么的。因附写于此。

在苏中的日子

在苏州中学校史展览室里，有宾四先生的大幅照片，说明词里，说明了先生曾在何年何月在校工作，并略述了先生一生经历以及主要著述和在学术界的地位等。但是对先生在校三年一千多天中的具体情形，却基本没有说到。

因为时间久了，当时的教师和学生恐怕都难以找到。要了解先生在苏中这段日子的具体情形，我们到先生的著作和他人的回忆文章传记文章中去探求，或许能有一些收获的。

教学、研究和著述

钱先生在苏中，是国文教师，有记载说是国文首席教师。教的是最高班，并任级任老师。国文课讲授内容有"国学概论"一项。他是1927年来苏州中学的，以前是在无锡第三师范，也开过"国学概论"这一课，并且编有讲义，但未编完。到苏中后，就一边讲课一边编撰，到1928年就编完了这讲义，并由他在常州中学读书时的老师吕思勉先生介绍，在商务印书馆出版。这书出版后，当时就被许多中学用作教科书或参考书。以后又在大陆、香港、台湾多次重版，现在书店里还可买到。这本书或许可称职务著作，是因教课而写的讲义。

钱先生在苏中完成的另一部名著《先秦诸子系年》，则可以说是非职务著作。他教的是国文，而研究和写的却是历史（在先生来苏中以前，此书已经写了几年，在苏中又续写和改写）。所以，后来顾颉刚先生看到此书稿本后，就说先生似不宜常在中学教国文，应该到大学去教历史，并且真的做了几次介绍，最后促成了钱先生离开了苏中到北京去教大学。

除了这两部重要专著，钱先生在苏中还写成一篇重要论文《刘向歆父子年谱》，在《燕京学报》发表。当时《大公报》评论为"学术界上大快事"。现在，这文收入《两汉今古文平议》一书。

在这以后，钱先生就到燕京大学去教书了。苏中三年，除了上述著作，还有在商务印书馆出版的《墨子》《王守仁》诸书和报刊上发表的文章等等。

关于钱先生在苏中做班主任时事，《师友杂忆》中有一段描述。

说的是一次有学生到先生的宿舍，说，过去学校欠发教师薪水时，任课教师中学生所敬仰的，往往告假缺席，不上课。而仍来上课的老师，同学反而看不起。现在学校欠薪，有的老师已告假了，而老师你是同学所敬仰的，却仍天天来教课。同学都表示诧异，不知是什么原因。钱先生乃告诉他们"学校欠发薪水，乃暂时之事。诸生课业，有关诸生之前途，岂可随时停止。诸生惟专心上课，勿以此等事自扰"。学生们乃"无语而退"。又一天，学生又来，说我们班已决定罢课，派代表去南京催发老师的薪水。先生劝他们说，这薪水，是老师和学校的事，老师向学校催，学校向政府催，不必学生去催的。学生说，老师学校催，政府不动心，必要学生催，才有用。钱先生说，你们年幼，哪知政府的事，不要妄听人言，轻举妄动。学生说，我们班上已讨论确定了，现在是特来相告。就退走，并且到时候真的罢课了。钱先生就离校回无锡乡下，写信给校长，引咎辞去班主任职务。后来他们罢课结束钱先生再回学校上课。校长特来钱先生处，说"诸生去京返校，已面加斥责，诸生皆表示此后必诚心听训诲，不敢再有违抗"。劝钱先生不要辞去班主任职务。第二天，钱先生乃对学生再加谕导，学生也表悔悟，并恳请先生不要辞去班主任，保证以后每事必先请示。一场风波，乃告结束。

交游和游历

在苏中在三年，《师友杂忆》书中钱先生自己讲及的校内校外的朋友有多人。在"苏州省立中学"一节，开头就说：

民十六年之秋季，余年三十三岁，转入苏州省立中学任教。校长汪懋祖典存，苏州人，留学美国归，曾一度为北平师范大学校长。转来苏中。三师旧同事沈颖若、胡达人诸人皆被聘，余即由达人所推荐。

钱先生讲到罢课风波时，曾写"自此余与典存过从益密"。后来，经顾颉刚先生介绍，广州中山大学给钱先生发来电报，请其前往任教，这时汪校长说，"君往大学任教，乃迟早事，我明年亦当离去，君能再留一年与我同进退否？"钱先生就为之留了一年。到抗日战争时，钱先生和汪先生曾在昆明见过，以后回苏州，钱先生曾去汪先生家探望病中的汪先生。《师友杂忆》有记述：

时典存已病，余常去问候，典存起坐床上，余坐床榻旁，每相语移时。典存应上海某书局约，方拟撰一书，有关文学方面者。典存初在北平时，白话文方盛行，而典存有意保存传统古文。至是，意不变。所撰乃有关文辞文学之教学方面者。余往，典存必告其最近所撰之作意。

二人的友谊显然是超过了一般的工作关系很多了（今之校长，常说要和教师成为朋友，恐怕不一定能达到这样的程度吧）。

汪校长还有朋友吴梅，字瞿安，时在南京中央大学任教。也被汪先生邀来苏中兼课。吴先生家在苏州，钱先生先是一人住校。和吴先生认识后，吴先生每约钱先生到家吃中饭（估计是周末吧）。饭后"长谈，或一家同唱昆曲，余独一人旁听，如是者亦有年"。后来在昆明二人也曾几次相约公园晤谈。钱先生回忆说："瞿安乃一代昆曲巨匠，著作斐然，有盛誉。但以避轰炸离重庆，溘然长逝于云南一僻县中，良可惜也。时加忆念，怆然在怀。"

苏中时期的朋友和前辈，还有张一麐仲仁、金松岑天翮、蒙文通、陈天一、胡适之、顾颉刚诸先生。

《师友杂忆》中有一段结语说：

私情公谊，积载相处。乱世人生，同如飘梗浮萍。相聚则各为生事所困，相别则各为尘俗所牵。所学又各在蛮触中，骤不易相悦以解。倘得在升平之世，即如典存、瞿安夫妇以至松岑、颖若诸老，同在苏州城中，度此一生，纵不能如前清乾嘉时苏州诸老之相聚，然生活情趣，亦庶有异于今日。生不逢辰，此诚大堪伤悼也。

钱先生好游历，《师友杂忆》书中也记下了他历年在国内外的游踪。在苏中三年，他说："城内外远近名山胜迹，园林古刹，美不胜收。余在苏中三年，游历探讨，赏览无遗。"并说如果能够善加保护，则宋元明清近千年的历史文物、生活艺术"远自宋代之至和塘沧浪亭起，直迄清末如俞荫甫之曲园，吴大澂之窓斋，依稀仿佛，一一如在目前。举世古城市，当无一堪与伦比"。但可惜近代中国，破旧开新，"其抽象方面之学术思想犹尚有图书馆所藏古籍，可资搜寻；其具体方面实际人生，则毁弃更易，追究无从。此实一大堪惋惜之事也"。

《苏中校刊》某期，保存有先生在校时所作《游苏州天池山诗稿七首》，今并被收入《钱宾四先生全集》。有副题为"戊辰冬至偕翔仲游天池宿山中归以诗记之"，有《灵岩道中》《村女》《弥陀岭》《天池》《登莲花峰顶》《坐峰巅观火车》《与山僧夜话》七则，其中《弥陀岭》一首末有"未完"二字。

婚姻与家庭

民国十七年，钱先生在无锡家乡的妻子和一岁的孩子相继去世，长兄声一先生和钱先生回家料理事毕，不料声一先生也患病不治。连遭三丧。这次钱先生在冬至日和同事一起游天池山，山僧说他在四十岁时是因妻子儿子去世而出家，至今十七年，决心为佛寺的发展奉献一生的精力。钱先生感而赋诗一首。

钱先生丧偶后，苏州许多朋友为他的再婚作介绍。金松岑先生先介绍族侄女，又介绍自己的学生，都没成功（第一次侄女说，钱先生可以做老师，但不宜做我的丈夫，第二次女学生说羊和虎生肖不合）。以后陈天一先生又想介绍东吴大学女同事，钱先生婉却之，后又有汪典存先生介绍一位女校长，也没成功。后来1929年钱先生与小学教师张一贯女士结婚，钱先生请了金松岑先生做介绍人。到1930年钱先生应聘到北平燕京大学任教时，钱太太仍在苏州，约半年后他们的大儿子出生。后来母子才去北平团聚。张一贯女士共为钱先生生育四男二女，除第四子早夭外，五房儿女长大成人。

《师友杂忆》记有蒙文通先生来苏州，一起游灵岩山的事。说到一起游灵岩山，直到邓尉观梅，在途数日等等。但没说作诗。而校刊上的诗七首，说明是冬至日和翔仲先生同游，历经灵岩山道，弥陀岭、天池、登莲花峰顶，夜住山寺，没说到邓尉，而且冬至时也没有梅花。所以估计这是两次游灵岩山，不是一次（有一本钱先生传记把这两事写成一事，当是错了）。

香港办学，"手空空无一物"

　　《新亚遗铎》首篇是新亚的校训、学规、校徽和校歌。其校歌歌词是钱先生所写，有句云："手空空，无一物，路遥遥，无止境。"

　　钱穆先生到香港办学，确是手空空无一物的。新亚书院开始时的校舍是租借一所中学的三间教室，晚间上课，校名是亚洲文商夜校。一年后改为日校新亚书院，其校址在九龙贫民区的桂林街，是赞助商出钱顶的房子，是一座住宅楼中的六"套"房子。分在二层和三层。一套其实就是一大间，三楼一间做学生宿舍，另二套各间隔为前后二间，其三分别做钱先生、唐先生、张先生三位的住房，余一间做办公室兼吃饭的地方。《师友杂忆》里这样记载："于九龙钻石山贫民窟租一小楼，两房一厅，面积皆甚小。厅为客室兼书室，一房为卧室，一房贮杂物，置一小桌，兼为餐室。"在这里，钱先生修订再版《先秦诸子系年》，就在那小厅里赶工，每每要工作到深夜。二楼三套被间隔成四间教室，二大二小。学生多是大陆来港的，更是手空空，不能交学费，有的

◀ 新亚书院校徽

▲ 新亚书院在香港桂林街旧址

就在学校天台上露宿，还有睡在楼梯上的。学校只有教授，没有工人，杂务则请学生担任，而可得少量津贴。一名厨师给老师学生做饭的，是由赞助商家里派来的。钱先生在香港住过的桂林街、钻石山，其实都是贫民区。

这样的困境也没能维持多久，赞助商王先生财力所限不能常年继续出资。当年冬天，先生就到台湾寻求帮助。以每小时课务每月二十元港币计算，再加其他紧急开支，要求政府能帮助每月三千元港币。王世杰秘书长说蒋先生面谕答应可从日常办公费用中节省出来相助。算是解决了难关。

三千元是只能维持日常开支，不足以对教学条件的改善起作用的。这样一直维持到1954年才有改观（余英时先生是新亚第一届毕业生，他就是在桂林街贫民区里度过其大学生活的）。

1952年，大陆上的教会学校和其他"帝国主义文化侵略"的事业被取缔。美国雅礼协会董事会在中国大陆长沙原来办有医院和学校，现在都改为公立，他们就想在台北、香港或菲律宾找一医院或学校，给予帮助。有人推荐新亚书院，经考察研究，雅礼拟将新亚书院作为合作对象，提出每年可给一万、一万五或二万美金，让新亚按此标准，拟出三种预算，以便董事会研究决定。钱先生说，如有一万，可租一校舍，一万五则顶一校舍，二万则买一校舍。

到1954年，双方合作成功，先是得到每年二万五的帮助，租了新校舍，以后又得福特基金会捐钱，香港政府拨地，在农圃道造了新亚新校舍，1956年落成迁入。

再后来，香港政府提议在香港大学以外，以香港几个书院为基础，办一个新大学。新亚书院参加了这个大学，即现在的中文大学，又搬到新界沙田新建的大学校舍。以后钱先生就辞职，专心著述写《朱子新学案》去了。

钱穆先生谈汉朝的一起自杀事件

　　历史上有过许多自杀事件,汉朝有一件这种事。在《史记》《汉书》里都记作自杀,但是钱先生《国学概论》中却写作"见杀"。

　　这件事里死亡的两位大臣是赵绾和王臧,本来在朝中好好地在做官,并且向皇帝建议设立明堂,作为议事(处理政事)的场所,皇帝也准备接受,但是太皇太后喜欢道家学说,不喜欢儒家,她派人去调查赵绾和王臧,得到一些他们的错处,交给汉武帝,要他办理。

　　《国学概论》这样写:"武帝立,赵绾、王臧以争儒术见杀。"

　　这"见杀"用白话文说,就是被杀了。在这句以下,钱先生引用的《汉书·儒林传》中,原文是这样的:"太皇窦太后喜老子言,不说儒术。得臧、绾之过以让上。上因废明堂事,下绾、臧吏,皆自杀。"这赵绾、王臧只是请立明堂以朝诸侯,不合太皇太后之意,于是获罪下吏,然后自杀了。

　　《国学概论》说是"见杀",是被谁杀了?看《汉书》(和

《史记》）应是被"上"和"太皇太后"，所以钱先生写上"武帝立"三个字（《史记》也有有关记载，也说自杀，但也都把自杀的原因写上了）。

自杀，虽然是自己动手，造成死亡，但决不可理解为都是自觉自愿自己要找死的。古今皆然。

钱宾四先生在《师友杂忆》中说，他写《国史大纲》以前陈梦家先生和他有过两次谈话，"余之有意撰写《国史大纲》一书，实自梦家此两夕话促成之。而在余之《国史大纲》引论中，乃竟未提及。及今闻梦家已作古人。握笔追思，岂胜怅惘。"其实，陈先生年岁比钱先生小很多，怎么就早早地已作古人了？钱先生握笔怅惘之时，恐怕不知其详。

陈先生先是被称为"畏罪自杀"，"自绝于人民"，后来才去掉了"畏罪"二字和其后五字，或者用"非正常死亡"代替"自杀"二字。

若钱先生闻之，当更怅惘莫名了。他或许会写成"今闻梦家已被杀害……"的？

第三部分　随感随笔

读书运动的对象，不该老是一辈大中小学校里的青年和儿童，或是推车卖浆不识字的贫民，'而社会上的中年人物，比较站在领导地位的缙绅士大夫，尤其应该是我们读书运动的第一对象。

——钱穆论读书

孤桐何意凤飞来

台湾大学中国文学系近日编印的《纪念钱穆先生逝世十周年国际学术研讨会论文集》，其封面上除书名外，印有钱先生照片一帧和手书对联一副：

　　　劲草不为风偃去
　　　孤桐何意凤飞来

封底页除印有感谢一些单位的赞助以外，仍以这副对联为"装饰"。

《素书楼余渖》中有"诗联辑存"部分，收有钱先生所撰联语若干，但其中无此"劲草孤桐"联，估计此联或是先生录写他人成联。《素书楼余渖》中还收有一些书信，其中一些先生给学生和后辈的信

▲ 钱穆先生手书

· 115 ·

里，似也有"孤桐何意凤飞来"的精神在内。如一封给严耕望的信中说："弟不欲应征中大史系教授，亦未为非计。担任此职，未必对中大能有贡献，不如置身事外，可省自己精力，亦减无聊是非。大陆流亡海外学术界二十余年来真能潜心学术有著作问世者几乎无从屈指，唯老弟能澹泊自甘，寂寞自守，庶不使人有'秦无人'之叹。此层所关不细，尚幸确守素志，继续不懈，以慰凤望。"晚年在给就读北京大学的孙女婉约写信中说"做学问主要在自己觅得喜爱，不要急切求人道好，此层盼你细细记住也"。

孔夫子说"人不知而不愠，不亦君子乎"，这是问题的一面，另一面则是有凤飞来，有人赏识，有人赞誉，此时能否仍有孤桐之傲，还是就此陶醉起来，或受宠若惊，或晕头转向，或头重脚轻起来？另外，"诗联辑存"中有一"傲习成性"联，其"傲"字则也似与劲草孤桐相通，"幼生金匮让皇山啸傲泾让与傲习成性，老住台湾士林区外双溪士而双享余年"。可见，此"劲草孤桐"联虽或非钱先生所撰，但确是代表了他的想法的。

在知识越多越反动的年代，或许特别需要"劲草不为风偃去"，仍我行我素做学问的精神。到了今天，社会开始重视知识尊重人才了，或许"孤桐何意凤飞来"就显得难能可贵，显得不可或缺了。但在电视台播映的名人访谈节目中，主持人常喜欢问嘉宾，当你被人赏识肯定时，有什么感想。如近见一则评剧表演艺术家的访谈，主持人便问：你在台上演银环妈，忽见毛泽东主席在台下观剧，心中是怎么想的？（其答语今略不引）如果这位艺术家答说，孤桐何意凤飞来。我在台上演戏，台下谁来也一样，都要认真演。不知这位主持人又会作何续问了。——似乎现在的主持人（代表舆论）是比较重视"凤飞来"的，孤桐必待凤飞来始有价值，否则就没意义。

这就是价值观的不同了。

傲骨傲心和翘尾巴

在一所中学的教学楼走廊上，见到一些名人名言公益标语，其中一条是"傲骨不可无，傲心不可有"，说是徐悲鸿先生的名言。其实，在清代张潮《幽梦影》里就有这句话，并且还比它长一点。"傲骨不可无，傲心不可有。无傲骨则近鄙夫，有傲心不得为君子。"看来徐先生是引用的《幽梦影》了。

傲骨是什么？在古代，就有齐王和颜斶各命前的故事。齐王让颜斶上前一步，颜斶反过来让齐王上前。他说，我上前，就是我慕势，你上前，就是你礼贤下士。比较起来还是"王前"较好。在一国之主面前的这种表现，应当可说是有点傲骨的了。在现代，新中国的几十年，似有点不分傲骨傲心，统称之为骄傲，或"翘尾巴"，都归入"不可有"的一边了。若有之，就得改造，若不，则就属于花岗石脑袋一类了（例如马寅初校长，他的"新人口论"被批判，可说是举国上下同仇敌忾，可他不为所动，坚持不屈，真是花岗石得可以，傲骨得可以了）。现在中学校的墙上，把这样的名言作为公益广告，可见观念转变了。

钱穆先生有一联语：

> 幼生金匮让皇山啸傲泾 让与傲习成性
> 老住台湾士林区外双溪 士而双享余年

这里的傲字，没说是傲骨还是傲心，但显然指的是傲骨。他说自己的傲骨已成习性。这在他的《师友杂忆》里应当可以找到一些事例的吧。

《国史大纲》出版时的一事，或可作一例。书稿交出后，久之未有下文。后来知道，是"中央某处"审查后，认为书中"洪杨之乱"一章应改为"太平天国"。章中多条都要改。先生书面答复说："孙中山先生以得闻洪杨故事，遂有志革命，……至于洪杨起事，尊耶稣为天兄，洪秀全自居为天弟，创建政府称为太平天国，又所至焚毁孔子庙，此断与民族革命不同。前后两事绝不当相提并论。凡本书指示需改定语，可由审查处径加改定。原著作人当保存原稿，俟抗战事定，再公之国人，以待国人之公评。"后来审查处就退让，批示同意照原稿印行了。

钱先生晚年在台湾，有孔孟学会约写《孔子传》《孟子传》二书。及《孔子传》写毕，学会评议会又要责令改定，先生认为，学术著作，不比政治行事，可遵会议决定；学术著作，当由作者本人负责。乃将稿件撤回，后来另找地方出版了。

傲，其实也简单。就是相信自己，有理的就坚持。钱先生逝世十周年时，台湾出了一本纪念集，其中有位先生（钱先生当年的学生）写的文章里，讲到一个故事。说在民国三十年有次教育部召开历史地理学术研讨会，钱先生填表，学历填"无"，专长填"经、史、子、集"。这个故事或许会被误解为"傲心"，其实如果了解当时学界情形，当知应还是"傲骨"的表现。

最后想再说一说"翘尾巴"。人其实是没尾巴的，没有的东西怎么能翘。人有头，有胸，有腰，有膝，如果谁抬头，挺胸，腰不弯，膝不屈，那就有被认为"翘尾巴"的可能了。夹着尾巴做人，在清朝的张潮看来，是"近鄙夫"的，而在上个世纪下半叶，则被认为是"改造"的目标。有人看到不少知识分子"达标"了，欣然自喜，引为胜利。这种喜，其实是可视为"傲心"的表现，这种人，也可视为"非君子"的。徐先生的那句名言，想来还是上一世纪上半叶什么时候说的吧。否则显得太不合时宜了。现在翻出来，当然好，但要是中学生们对"翘尾巴"的一段历史知之甚少，则还是不够的。

孤和群

白话文里常用的一个词"孤独"，在文言文时代好像是不说的，即使说，也是有不同意思的。《辞源》上有"孤独"一词，两个义项，一是作名词用，如鳏寡孤独，一是无助（或是第一义的引申吧）。略同于白话文"孤独"一词的，在文言文里或许就是"孤"了。这"孤"，也当得起是一个常用词。所以《辞源》里的义项就比"孤独"多得多了。

兹举一些"孤"的用例："何孤行之茕茕兮"（张衡赋）"怀良辰以孤往"（陶潜辞）"中宵尚孤征"（陶诗）"日暮且孤征"（陈子昂诗）"片云天共远，永夜月同孤"（杜甫诗）"骨肉满眼身羁孤"（又杜诗）"夜永影常孤"（谢绛诗）"江湖信美矣，心迹抑更孤"（苏舜钦诗）"灯孤伴独吟""僵卧空山梦亦孤"（均陆游诗）"雪屋灯青客枕孤"（元好问诗）。这些例句都转引自钱穆先生《晚学盲言·群与孤》。钱先生说，这些诗句"咏孤，正所以咏群"。因为，"心情之孤，正从其群居生活中来"。

另一些例子可以说明"中国文化传统重群居生活，故于自然现象中偶值景物之孤，往往别有会心，特加欣赏"。如陶潜诗"万物各有托，孤云独无依"，谢灵运诗"乱流正趋绝，孤屿媚中川"，如柳贯诗"千峰不尽夕阳孤"，庾信诗"石路一松孤"，元好问诗"霜松映鹤孤"，杨万里诗"夕阳斜照一塔孤"，《水经注》"独秀孤峰"。所以如此，正因"人生遇孤独，此等景物，可以相慰。元稹诗所谓'我与云心两共孤'是也"。此其一。"二则'为仁由己'，人生大道，正贵从孤往独行之士率先倡导。……而忠孝诸德，亦必先期于人类中之少数。故尊孤即为善群"。（此节全据《晚学盲言·群与孤》）

大约十年前的一个夏天，我拍了一些荷花和睡莲的照片，给当地报纸投稿，登出了一幅，照片上是一朵睡莲花和很多莲叶，我写的题目是"孤芳自赏"。有位年长的朋友对我说，这孤芳自赏不好，要写红花绿叶就较好。我想，如果时间再向前推十年二十年，这孤芳自赏的确是要被认为有问题，甚至是政治问题的。红花虽好，全靠绿叶扶持，才比较符合当时的主旋律。但是我之所以写上孤芳自赏，或许正如上面所引钱先生文所说"人生遇孤独，此等景物，可以相慰"，"于自然现象中偶值景物之孤，往往别有会心，特加欣赏"吧。总之，根本就没从红花绿叶之关系上去想。

范仲淹有诗句"孤桐何意凤飞来"，也有强烈的孤芳自赏意识吧。钱先生上引文中作为例句引用的诗词名句，其中的"孤"，应当也有孤芳自赏的意思。总之，"孤"是被诗人们特加欣赏的一个词。

下面言归正传，再看钱先生《晚学盲言·群与孤》里是怎么说这群与孤的关系的。"群中不能无孤，而孤者终不见谅于群。"以至于孔夫子说出"知我者其天乎"这样的话，而苏轼诗"道人有道山不孤"，文天祥诗"本是白鸥随浩荡，野田漂泊不为孤"，"此皆极咏其不孤，然亦正以弥见其心情之孤处"。这孤者终不见谅于群，或许也就是"孤芳自赏"的会被认为不合群，没有群众观念的深层理由了。这真是一个历史悠久的社会现象啊。

钱先生又说到近代国人竞慕西化以后出现的问题。"舍己从人，唯变是尚，固是自由。然'国有道不变塞，国无道至死不变'，宁得谓其独非有一己之自由意志者之所能？"这是针对当时人认为西化才合潮流，唐诗、宋词等写的无非是封建人生、贵族人生；不承认"孤"的地位，"只向群处，只向社会物质人生方面去斗争攘夺，却不了解人生别有此内心孤处"等等而说的。"如中国诗人之所咏，孤高孤独，孤吹孤唱，孤韵孤标，孤超孤出，孤论孤赏，苟非尊重个人自由，何来有此等吟叹。"

进一步，钱先生说到，伯夷不食周粟，饿死首阳山，也是一种个人自由。韩昌黎《伯夷颂》有云："士之特立独行，适于义而已。不顾人之是非，皆豪杰之士，信道笃而自知明者也。一家非之，力行而不惑者寡矣。至于一国一州非之，力行而不惑者，盖天下一人而已矣。若至于举世非之，力行而不惑者，则千百年乃一人而已耳。若伯夷者，穷天地、亘万世而不顾者也。"

孔子和韩愈都是历史人物了。在现代中国，很长时间内，似乎群众观点是一很重要的修养内容，要相信群众才好，如果太相信自己，就不好。所以孤芳自赏不是好的品德，是很忌讳的。难道你自己比群众更聪明吗？钱穆先生在香港在台湾，对大陆的事或许不怎么完全清楚，然而在《群与孤》这篇文章里，已谈到这样的内容：

> 孔子许伯夷以仁，昌黎颂伯夷以义。既不能有不仁之义，亦不能有无义之仁。个人自由与群居为生，乃可相得而益彰，故中国人又贵能和而不流，中立而不倚。此"中"、"和"二字大可参。所谓"中"者，实本于每一人内心之孤；"和"则是群道之公。尊群而蔑孤，斯将有仁而无义，群道亦将衰。元好问诗："端本一己失，孤唱谁当从？"，此一孤，正即每一人之心，乃群道之大本大源所在。苟非深有会于中国传统文化之精义，亦无可以浅见薄论作阐说矣。

这里所说的"尊群而蔑孤"，不就是前此曾在大陆流行的一种社会风气吗？不知道"尊孤"即为"善群"，只知道"尊群而蔑孤"，真是大错而特错了。

除了这"尊群而蔑孤"，还有一种倾向是"偏于孤而疏于群"。西方甚至有谓鲁滨逊漂流荒岛，就是每一个人之生活写照。每一人都是命定要过孤独生活的。钱先生说，这也是中西双方文化人生理想上大异不同之所在。例如：

> 苏东坡诗"万人如海一身藏"，就东方人之人生经验与人生理想言，即在京华宦海中，人事错杂，果其人自身有修养，仍能保留其一份孤独心情之存在，仍不失其个人内心之自由。……至于如伯夷之采薇首阳，亦属单独营生，与鲁滨逊之飘流荒岛。实

无甚大之不同。惟鲁滨逊乃遇不得已，而仅恃个人活力，自谋生存，在伯夷则岂不可已而不已，彼孤独之心情中……各自有其寄托与深义。为求了解双方文化人生之内情者所当兼取并观。终不宜仅取一面，而摈弃其另一面于不顾不议之列也。

苏东坡这例对现代中国人，应当也是可以有很大启发的。一个人可以是一个团体的一分子，果其人自身有修养，应当仍可以保留其独立的人格，自己的心情的。作为一个团体，若是必须强调其团体性而不允许其人员之独立性存在，其实对这个团体本身也未必是有利的。

三年之艾

《浦江清文集》中有诗一首《宜良访宾四，宿岩泉寺，一九三九年春假游路南回》：

> 信宿岩泉寺，泠然谢俗氛。
> 耳倾无竟水，目眺在山云。
> 事远理宜得，物轻道自尊。（君方著《通史》）
> 难将蓬艾意，还共世人论。（宾四作《三年之艾》，附《今日评论》）

原注两条，已见括号内，其"著《通史》"，指的是著《国史大纲》，钱穆先生是在宜良岩泉寺写这书的。"三年之艾"应是指《钱穆先生全集》中《文化与教育》书中的《病与艾》一文，当年是在昆明《今日评论》上首发的。

《病与艾》里写到，孟子说："七年之病，求三年之艾。苟为不畜，终身不得。"他的大意是说，"一个人已犯了七年的病，而他的病却非储藏到三年之久的艾不能灸治"。一个人生了七年的病，却没有三年之艾，他会怎样？一、不惜重价向外访求，看谁家肯出让。二、自己从今藏起，留得待三年之后用之。三、舍却用艾治疗的方法，寻求其他治疗方法。钱先生文中又说："我想一大部分病人，似乎走第三条路的多些，走第一条的亦有，决意走第二条的要算最少。因为那七年病后的再来三年，实在精神上难于支持。然而，孟子却坚决的说，'苟为不畜，终身不得。'他的意思，似乎劝人不管三年内死活，且藏再说。我不由得不佩服孟子的坚决。"

以上是从病人心理上所作分析。钱穆先生本文主旨却在从艾的方面思考："我忽想假使那艾草亦有理智，亦有感情，它一定亦有一番难排布。……在理智上论，他应按捺下心耐过三年，那时他对此病人便有力救疗。但是万一此病人在三年内死了，岂不遗憾终天。在情感上论，那艾自愿立刻献身，去供病人之用。但理智上明明告诉它，不到三年之久，它是全无效力的。我想那病人的时刻变化，那艾的心理亦该时刻难安吧。"

这文写于1939年1月，看浦先生诗，"还共世人说"，似乎钱先生这文，当时不大为人们接受吧。当时大后方的学生，要上前线，要去延安，不大愿意静待那三年的积蓄之功。钱先生《师友杂忆》上讲到过一次"欢送"二同学赴延安的事。会上冯友兰先生对赴延安两生"倍加赞许"，而钱先生"力劝在校诸生须安心读书"，说"青年为国栋梁，乃指此后言，非指当前言"。如果你们不努力读书，也不能就成为国家栋梁。"今日国家困难万状……国家需才担任艰巨，标准当更提高。目前前线有人，不待在学青年去参加。……诸生去此取彼，其意何在？"散会后，冯先生又和钱先生在宿舍里辩论。冯先生说，你劝学生留校安心读书不错，但不该对去延安学生加以责备。钱先生说，你奖许两生赴延安，又怎能劝诸生留学校安心读书？二人力辩，终于谁也没能说服得了谁。

钱先生这篇《病与艾》，结束处有这样一段："廿余年前七天里背诵过的《孟子》，全都忘了。适在新年偶忆前尘，胡乱想到的只要关于孟子，自己仍觉得有趣。实在有趣的应该是廿年之前吧。姑尔写出，或许世真有艾，同情此意。"为什么实在有趣的应该是二十年之前，这个问题没有想通。不过，钱先生写这文到今，又已是六十多年过去了；当年在西南联大安心读书的学生，今日重新读到此文，一定会"同情此意"，觉得十分有趣的吧。

蒋先生七十寿辰祝寿辞

1956 年 10 月，蒋介石先生七十岁寿辰到了。台湾各界纷纷写文祝寿。钱先生在祝寿文中说：

……国家固常在颠簸鞑颓中，而蒋先生则始终以一身集众望。其间则有期望，有责望，有触望。国人万目睽睽，歌功颂德，惟歌颂于蒋先生。祈求祷祝，亦惟祷祝于蒋先生。而归咎责备，则亦惟归责于蒋先生。

那么，钱先生是歌功颂德，是祈求祷祝，还是归咎责备于他呢？钱先生文的下一段，讲的是国家的形势。

抑吾侪试放眼纵观，中国自辛亥革命以还，固已步入旷古未有之新局。欲仍旧贯则无可仍，欲蹈成规又无可蹈。世界潮流，纷至叠乘，而五千年之文化传统，又复绸缪周匝。取舍迎拒，果将何为乎，何不为乎？顾于此或失于彼，牵一发或动全身。其复杂之内情，其艰巨之实体，浅见薄识，洵难共谅。而以言夫世界，自两次大战踵起，亦复步入旷古未有之奇变。动荡分崩，愈演愈剧。今世界方如一大漩涡，于此涡中，难觅一滴安静水，而究亦莫知其将何所底止。国运、世运，同此穷惊奇险；而蒋先生躬丁此运，论其处境，较之辛亥革命时之孙先生，曲折艰难，何啻万倍！则成败功过，固难定论，而时局之脱崎岖而履康庄，亦尚无捷径可觐。

蒋先生就在这样的情况下，迎来了七十寿辰。

国人共感不能以无辞。而蒋先生叮咛晓谕，勿事祝贺，愿闻直言。大哉此心！

这里肯定了蒋的"勿事祝贺，愿闻直言"，下面再接一句：

此固国运之所系，抑亦旷古伟人之高风宏度，所难并吾世而一觐焉者也。

这样就使上面的肯定提到一个新的高度。

最后一段就是期望的具体内容了：

窃愿侧耳以听，拭目以视，企足以待，举手以祷，方说论之日陈，畅虚心而大受。请惟此以为蒋先生寿。

祝寿文原在《中央日报》发表，以上引自《中国学术思想史论丛（十）》。从以上引文当亦可以据以判断是歌功颂德，是祈求祷祝，还是归咎责备于他了。

当时有雷震先生他们的《自由中国》的祝寿特刊，那基本是归咎责备的吧。但是蒋先生并没有"畅虚心而大受"，后来《自由中国》被迫停刊，雷震先生被诬匪谍而入狱。蒋先生的愿闻直言的叮咛晓谕，成了空话，成了讽刺。钱先生说这是"国运之所系"，没被蒋先生重视，则国运的日趋艰难，也就是不可避免的了。

书评一例

在《钱宾四先生全集》的章节篇目索引里，以"评"字开头的文章有五篇：《评日人泷川龟太郎史记会注考证》、《评胡适与铃木大拙讨论禅》、《评夏曾佑中国古代史》、《评谭著墨经易解》和《评顾颉刚先生五德终始说下的政治和历史》。都收在《中国学术思想史论丛》之中。

评日人著作一文，首节就说，史记会注考证这一工作，中国人还没做，日本人却先我著鞭，是一件令人增惭的事。

接下去，钱先生说了做会注考证应注意的原则：

比辑之体，义贵兼陈。必求肤辞尽删，异义具列。提要钩玄，该备众歧。作者即有己见，谊列最后。而去取从违，则一待读者之自为抉择。遇有省削，以节篇幅，则认为然者应稍详，认为否者可稍略，而灭没不载，尤当审慎，否则宁两详而并著，勿偏信而孤守。

这是一般原则，钱先生所确认的一般原则。日本人这本书做得怎样，就要依据这一原则来对照了。

钱先生列举了书中许多地方不合上述原则的例子，然后给以"疏漏处极多"，"应增应删者不胜举"，"卤莽灭裂，不胜觍缕"，"不知别择之甚矣"，"偏守一说，无据轻断"等等评语，还有说"其意固不欲为比辑，以网罗群说，备人比观，而实欲坐堂上进退堂下，判归一是，自成一家之言；而惜乎其识之不足以副也"。这些批评，不可谓不严厉。

但是在这之后，钱先生又讲起我们应向他学习，应当因此而惭汗，而深长思之的地方。

一是"泷川氏书非无可取。即其用力之勤，已足使吾人惭汗"。

一是他对孔子"殷殷崇仰之意，溢于辞外。异国学者对我先哲，如此向往，其情可感。较之国内学人，鄙薄孔子，斥其书不读，屏其事不问，拒其思想言论不屑一究，意量相去为何如"！

一是讲到《春秋三传》，都能"比观三书"，"注其出处"，比之国人"方好扬南海康氏之余波，以《左氏》为刘歆由《国语》中析出，在太史公时尚无《左氏》。则泷川氏此书，已足为之箴膏肓而起废疾矣。"

一是"其书颇注意古今地望。每一地名，必注其今称，绝无一漏"，"异国人治吾古籍，用心及此，亦足促吾人之深长思也"。

严厉的批评和很高的推崇，两方面都说得很"极端"，和今人为文之只趋一极者，大异其趣。对《史记》及其注释考证，我们可以是一无所知或知之甚少，但是从这篇书评，还是可以学得不少《史记》以外的学问的。

范文正公的名言

　　古人说的"三不朽"，是立功立德立言。对范文正公来说，这三项应说是占全了。这里别的不说，就说说"立言"这一项，而且也不能尽数，只是略举一二而已。

　　"先天下之忧而忧，后天下之乐而乐"，这两句是最脍炙人口的了，中小学生作文都会引用的。苏州一所中学并把这定为校训。但是真正能做到这两句话的人，却不是很多，有做到的，就是英雄模范人物，就是人们学习的典范了。这也正是古人所说的心向往之，景行仰止了。

　　"劲草不为风偃去，孤桐何意凤飞来"，这是范文正公赠友人的题诗中的一联，《全宋诗》中虽然有收，可是知道的人或许不多。我是在一本纪念钱宾四先生的书册中读到的。两句诗被写成对联形式，当时还不知道其出处，后来是朋友告诉我了才知道。这两句的含义，我想或与诸葛武侯的"苟全性命于乱世，不求闻达于诸侯"相近。在乱世，有着各种各样的"风"（其实即使是世不乱，也会有风的），不为风偃去，也就是苟全其性命了（性命不是指生命而是指做人的道理、原则）。而不在乎"凤飞来"，也就是"不求闻达"了。只要对得起自己做人的原则，名和利都不是很重要的，不能够用不光彩的方法去追求。而且"人不知而不愠"，孤桐自有他自己的乐处。钱先生这副对联，也不知是写来自用自勉的，还是用以赠人互勉的。纵观文正公和钱先生的一生（还有诸葛武侯），看得出他们都是无愧于这劲草和孤桐的。立言不朽，显然不是徒托空言，而是有言行一致的基础的。

"宁鸣而死，不默而生。"在一本《民国那些大师》书上，看到胡适之先生写的一个条幅，就是这句话。在这复制图下面的说明告诉我们，这是适之先生"晚年经常引用的范仲淹的名言"。我才知道是文正公的话。这是说该说话时应当说，即使会因此受打击、受迫害，即使这样做的后果会"抛头颅"；这也会比因怕死而沉默地活着好。这应当是说的一种特殊情形，最严重的情形，文正公和适之先生都遇到了这种情形，才说（或书写）这样的话。我们日常生活中，或许不会常常遇到这样的事，但是该说不该说的两难选择（不说或瞎说违心，说了虽无生死出入，却会有大小不等的利害关系），还是免不了的。取法乎上，范文正公的佳言当可作为自己的座右铭而身体力行的。历史上不说远的，民国时期新闻记者直言贾祸而丧生的，1957 年因鸣而陷罗网的，可以说记忆犹新。即使现在，鸣与不鸣，还常常成为问题。文正公的话还不会过时。其实也和上面两条一样，仰之弥高，不是很容易做到，而又应该努力去做的。

　　三句话同样重要，同样准确，同样不朽，可是只有第一句比较的家喻户晓，知名度最高。另外两句（特别是第三句）却不大为人知晓。

太平天国与洪杨之乱

　　在抗日战争时的大后方，钱穆先生完成了他的历史著作《国史大纲》。在这部书里，写到了"洪杨之乱"。而当时的中华民国政府有关部门（书报检查机关）说不行，得改为"太平天国"才可以。后来，在作者坚持下，没有更改而出版了。这事在钱穆先生《师友杂忆》书中有记载。后来到了中华人民共和国时，太平天国被肯定的程度更高，而《国史大纲》则隐而不见。既不能买到，也不见于大陆的各级各类图书馆。直到几十年过去，钱穆先生诞辰一百年时，才又在北京重印，有关部分仍是洪杨之乱。没改。

　　清政府把太平天国打败，其重要将领是曾国藩、李鸿章。赞成太平天国是革命运动的历史学家，就把曾国藩、李鸿章称为刽子手。认为那是"洪杨之乱"的人，则认为曾、李是历史功臣。不单是洪杨曾李，在他们之下的将士兵卒，也都会有这样两种相反的评价。苏州有个地方，太平天国的忠王李秀成曾在此居住、办公，称为忠王府。后来忠王失败被俘，王府也成了李鸿章的官邸。以后又住过许多其他人。而现在（及此前几十年），这里仍称为忠王府，是一个重要旅游点。而李鸿章，在苏州另有一个纪念地，是李鸿章祠堂。那里现在是一所学校，但仍保留李鸿章祠堂的名称，算一古迹吧。苏州还有一古迹名双塔，是一千年的古塔，游览地。在其说明词里，讲到这里住过太平军，好多人在清军打进苏州时被杀，血流成河等等。清军打败李秀成后，苏州还建过一些忠烈祠，纪念和祭祀那些阵亡将士的，现在多不存了。纪念的是太平军，就不纪念湘军、淮军了。

到三峡旅游，途中经过一个景点，石钟山。这山因有苏轼《石钟山记》而更有名。那儿也是一个战略要地，古战场。太平军做过营地，被曾国藩、彭玉麟攻破了。双方自然都死了许多人。而现在保留的是彭玉麟当年造的忠烈祠，还有他题写的"祀重春秋名垂竹帛，光昭日月气壮山河"对联。那儿的纪念取向就和苏州不同了。

说太平天国是革命运动的，在中学教科书里就找得到。说洪秀全、杨秀清不行的，钱先生《中国历代政治得失》里有几句，抄一点如下：

嘉庆年间，一次次变乱不停，以后又激出太平天国。由今看来，大家同情太平天国，认为它是民族革命，这话自不错，但实际也不尽然。至少他们太不懂政治，他们占了南京十多年，几乎丝毫没有在制度上建树。他们比较像样的是军制，但始终未觉悟到水师之重要。他们对下层民众，想推行均田制度，粗浅一些的社会主义，大抵他们是有此想法的，但说到政治就太低了。第一论国名，便是不祥之兆，哪里有正式建立一个国家而号称"天国"的呢？这是他们对西方耶教一种浅陋的知识之曝露。再加上"太平"二字，东汉黄巾之乱，信奉的是"太平道"。他们的下意识，似乎受此影响，国号"太平天国"，早可预示他们之失败。这样一个国名，便太违背了历史传统。正因为这一集团里，太没有读书人，这是满清政权存心分开中国智识分子和下层民众之成功。辛亥革命，国号"中华民国"；这因革命党里有了读书人，所以不同了。而且洪杨一出来，就称天王、东王、南王、西王、北王、翼王；那些名号，只能在通俗演义里有，哪能成为一种正式的制度？他们自南京内哄以后，杀了杨秀清，还是有许多人继续称王，而名号更荒唐了。萧朝贵的儿子称为"幼西王"，洪仁发、洪仁达又称"王长兄"、"王次兄"。就是满洲人初进中国，也没有这样表现得粗陋与幼稚。正因满洲人初兴，便能用中国知识分子，而洪杨集团则不能。他们又到处焚毁孔庙，孔子的书被称为妖书，他们想把民族传统文化完全推翻，即使当时没有曾国藩、左宗棠，洪杨还是要失败。诸王以下，又有天官丞相，这些官名，真太可笑了。哪里有全不读书，把自己国家已往历史传统全部推翻，只抄袭一些外洋宗教粗迹，天父天兄，一派胡言，便能成了事？我们不必纵论其他之一切，单看他们那些国名官名，就知其必然会失败。若太平天国成功了，便是全部中国历史失败了。当时的洪杨，并不是推不翻满清，但他们同时又要推翻中国全部历史，所以他们只可有失败。

以上抄自《中国历代政治得失》第五讲（清代）。

关于"温情与敬意"之辩

　　《继承、方法和态度的万年虫》〔以下简称"《继承》"〕（《中华读书报》1998 年 8 月 19 日，第 11 版）这篇文章，是作者董标读了《积极继承与"批判继承"》〔以下简称"《积极》"〕（作者廖名春，同报 1998 年 7 月 15 日，第 11 版）一文后而写的，由于《积极》一文中讲到钱穆先生"研究本国历史者应对本国历史具有温情与敬意"，所以《继承》一文也用较多的篇幅来谈这"温情与敬意"。

　　《继承》认为，"温情与敬意"非但对"研究本国历史者"应有，即使研究外国历史，研究熊猫，研究袋鼠，研究地震，研究海啸，无不应有"温情与敬意"，即"西方所谓专业忠诚"。立论如此，虽然是无懈可击的，不过，《继承》一文所说的"温情与敬意"，显然并不是钱穆先生所说的"温情与敬意"。以下愿试分析之。

　　钱先生这句名言，见于《国史大纲》一书前的"阅读此书应有的信念"，共四条，温情和敬意见其中第二条第三条，因篇幅不多，兹全文照录：

一、当信任何一国之国民，尤其是自称知识在水平线以上之国民，对其本国已往历史，应该略有所知（否则最多只算一有知识的人，不能算一有知识的国民）。

二、所谓对其本国已往历史略有所知者，尤必附随一种对其本国已往历史之温情与敬意（否则只算知道了一些外国史，不得云对本国史有知识）。

三、所谓对其本国已往历史有一种温情与敬意，至少不会对其本国已往历史抱一种偏激的虚无主义（即视本国已往历史为无一点有价值，亦无一处足以使彼满意），亦至少不会感到现在我们是站在已往历史最高之顶点（此乃一种浅薄狂妄的进化观），而将我们当身种种罪恶与弱点，一切诿卸于古人（此乃一种似是而非之文化自谴）。

四、当信每一国家必待其国民备具上列诸条件者比数渐多，其国家乃再有向前发展之希望（否则其所改进，等于一个被征服国或次殖民地之改进，对其国家自身不发生关系。换言之，此种改进，无异是一种变相的文化征服，乃其文化自身之萎缩与消灭，并非其文化自身之转变与发皇）。

读以上四条，可知《积极》一文引用"温情与敬意"的概念是与原作者原意基本相近，而《继承》一文所说的"温情与敬意"，已远非钱先生所说的"温情与敬意"，可以说是完全另一种事物了。由此出发来引出不能"积极继承"只能"批判继承"，似更无说服力。

"温情与敬意",钱先生主要是针对浅薄狂妄的进化观、偏激的虚无主义等现实存在的倾向而提出来的,这样的"温情与敬意",是否就会导致"独断(一元)化继承",导致"必然的归趋是没落",如《继承》一文所说的这样危险呢?其实在《国史大纲·引论》和《国史大纲》的许多章节中都可以看到,存"温情与敬意",不会因而就看不到衰象,看不到腐化,看不到没落,看不到黑暗,看不到贫穷。以上种种,书中均有详述,而"引论"中也明言"不识病象,何施刀药","治史者,必明生力,明病态","生力自古以长存,病态随时而忽起"。"温情与敬意"所反对的是"指'生原'为'病原'之妄说"(把今日一切病均归于传统,虚无、偏激等)。若存此"温情与敬意",否定历史文化的大批判当无由发生。

"积极继承"(《积极》一文提出的)也不是主张传统不能批判,反对的是"批评继承"口号下的只批评不继承。"文化大革命"自然是其极端形态。没有达到这样极端之前,也是批评为主(有违钱先生所说的信念),所以《积极》一文会引述钱先生的"态度"来立论。《继承》一文虽由《积极》而来,其实却并不是针锋相对的,而有些借题发挥,你说你的理,我说我的理,说的并非钱穆的"温情与敬意"。二文可以说各具有自己的"温情与敬意"(用《继承》一文的"逻辑","文化大革命"的红卫兵,虽然反对温良恭俭让,而对他们心目中的神圣事物,也颇具"温情与敬意"的)。

清末以来,许多志士仁人向世界、向西方寻求真理,但是西

方的老师总是要欺负中国。到了十月革命一声炮响,才使中国人
见到了真理的曙光。直到几十年后,才有中国式的社会主义之
说。有些志士仁人先辈或许就是吃了没有对祖国历史抱有基本
的温情与敬意的亏,把中国的几千年,概称为封建、专制、黑
暗,概称之为"旧中国"。《国史大纲》之提出温情与敬意,是针
对那种"凡最近数十年来有志革新之士,莫不讴歌欧、美,力求
步趋,其心神之所向往在是,其耳目之所闻睹在是。迷于彼而
忘其我,拘于貌而忽其情"(《国史大纲·引论》),而主张"治国
史之第一任务,在能于国家民族之内部自身,求得其独特精神之
所在"。所以当年《国史大纲·引论》1939年在报纸发表,即曾
引起轩然大波,赞许者有之,反对者有之,曾经成为当时的一个
"焦点"话题。

今天,时过半个世纪,重提"温情与敬意"这个话题,有人
赞许有人反对当也是极其自然的事,至于本文,恐怕只能起一点
提供资料的作用而已,若要真正研究这个问题,《国史大纲》原
书及作者同一时期的另一力作《中国文化史导论》,是当先读一
下的(无论赞成或反对的都一样)。

阿Q的言行和国民性

阿Q在《阿Q正传》里，说了许多话，做了不少事。鲁迅先生写这些，当是要反映一种精神，一种思想，一种性格吧。

阿Q去摸小尼姑的脸，还说，和尚动得，我动不得？一、他欺软怕硬，知道小尼姑无力反抗，就胆大妄为了。二、"和尚动得，我动不得？"这话或许成了他留给后人的精神遗产了。"不拿白不拿，不吃白不吃"可说就是他的翻版。别人能拿能吃，我自然拿之有理，吃之安心了。"和尚动得，我动不得？"阿Q的这句名言，人们或许还感到好笑，只有阿Q才说得出。而"不拿白不拿，不吃白不吃"，则似是司空见惯，见怪不怪了。更有甚者，是不拿不吃的人反会被认为不近人情，或者太矫情太古板了。

那么，这能不能就被认为是中国人的国民性，或说劣根性呢？有一种见解认为无产阶级是不这样的，而小生产者（农民在内）是每时每刻产生资本主义的。如果允许一家养鸡，家家就都会援例，于是就资本主义了。这种思想指导下，形成了一段时期的政策。现在是不实行了。但是他们也没认为是中国人的国民性，或说劣根性，只是认为是小生产者的本性而已。现在有多吃多占的，有行贿受贿的，有其他经济犯罪的，这些人或多认同"和尚动得，我动不得？"这句名言，而且奉为圭臬，身体力行，而且不在少数。但如果没有统计资料证明其为多数，大多数，则还是不能称之为国民性的。鲁迅先生写小说，还有一个铁屋里的呐喊的比喻，铁屋里的人，大多数是醉生梦死的，需要有人去唤醒。《阿Q正传》便也是这样的呐喊，希望能够振聋发聩的。是不是他把国人看得太低一点了？

对小尼姑，阿Q是敢于动手的，对厉害的对手，打不过时就说，"儿子打老子"，就精神胜利了。这精神胜利法，好像是阿Q的一大特征，也好像是中国国民性的一大弱点。但是，精神胜利也有两种，一是明明没胜而自称胜利，如阿Q；一是虽然离胜利很远，但却自信其必胜。如"自反而缩，虽千万人，吾往矣"，如"知其不可而为之"，如"谋事在人，成事在天"等等。批判前一种时，不能把第二种也混在内。

及余四十左右，乃读鲁迅之新文学，如《阿Q正传》。自念余为一教书匠，身居当时北平危城中，中日战争，如弦上箭，一触即发，而犹能潜心中国古籍，以孔老二之道为教，若尚有无限希望在后，此正一种阿Q心情也。使余迟生数十年，即沉浸在当时之新文学气氛中，又何得为今日之余。余常自笑此一种阿Q心情，乃以上念前古，下盼来者，此亦诚阿Q之至矣。(《中国文学论丛》)

以上引用的钱穆先生文字，自称"此亦诚阿Q之至矣"，这里讲到的阿Q，应当不是那种"儿子打老子"的精神胜利法。"尚有无限希望在后"也不是虚无缥缈的希望，而是确实存在的希望。我对这段引文作如此理解，是否有当，希望朋友们不吝赐教。

领袖与英雄

在《三国演义》里，曹操曾对刘备说，天下英雄，唯使君与操耳。但刘备平生好像没有什么英雄性的表现。曹操比他好一点，然而也不曾十足地表现出他的英雄性来。倒是他们两家的文臣武将中，却确实有不少很显英雄气概的人物。

《水浒传》里的梁山好汉，其领袖人物，无论是晁盖、宋江还是卢俊义，也都不怎样具备英雄性——林冲、武松、鲁智深、花荣、关胜、呼延灼，随便哪一个都比他们更显英雄相。再说《西游记》，唐僧与孙悟空相比，谁更英雄一些？然而唐僧却是领袖，孙悟空只是他的徒弟。

中国象棋里的将（帅），其英雄性显然难和车马炮相比，小兵过河，还能大显神通，有一点英雄性，只有这将帅，虽有重要性，就是没一点英雄性。

钱穆先生《从中国历史来看中国民族性及中国文化》一书中，曾写了以上例子，然后说，"这当然不是历史，但亦不是一套哲学，只可说是中国人的一套传统观念。这有中国人的国民性在内，而中国的文化特性亦都在内了"。

这里说的国民性、文化特性，是说，区别于西方历史的重个人性，重英雄性，中国人认为事业以集团性为重。集团必有一领导，但领导性的重要，次于集团性。所以每一集团中的领导人，不易见其英雄性。如汉高祖以下有韩信，韩信的英雄性表现反多于高祖。还有一结论：在中国人的观念里，英雄不宜为领导人，亦不易成大事业，如项羽即是一例。

现在我们却要模仿西方传记文学来写《秦始皇传》、《汉武帝传》、《唐太宗传》等，把中国历史上干大事业的人物，尽写成英雄性。好像中国历史上一切好事，坏事，全都由这少数的几个人干出来。这就违背了中国的历史真相，而且亦违背了中国人的国民性。这却不只是一个小问题呀！（《从中国历史来看中国民族性及中国文化》）

西方又英雄又领导的，有拿破仑，但是后来也失败了。他那儿好像并没有一个有英雄性的集团来支持他。斯大林对西方来说，算是东方，但在我们看，也是西方（一边倒，倒向苏联，也可归入全盘西化吧）。他是只有自己是英雄，下面的文武班子，常常被换班的。过不了几年，就一个个消失了。这样的英雄，当然也不足为法。

"惜秦皇汉武，略输文采，唐宗宋祖，稍逊风骚。一代天骄，成吉思汗，只识弯弓射大雕。"历数前代帝皇，英雄性确是不够。但是秦皇他有蒙恬、王翦、吕不韦、李斯辈，汉武也有公孙弘、汲黯等为相，唐太宗则有十八学士相助……他们的事业是辉煌的。集团性的重要，于此可见。其实是没有什么可"惜"的。即使是萧规曹随的汉惠帝，应当也算得上是个好皇帝好领导吧。

在书店见一《影响中国历史的人物》，翻了一下目录，其人差不多全是"帝王将相"，在宋代则有秦桧，在民国初则有孙中山和袁世凯。又读一本台湾出版的《新亚遗铎》，是钱宾四先生在香港新亚书院十五年中的言论集，其中《中国文化与中国人》（现收于《全集》之《中国历史精神》一书中）一篇演讲，讲道："在中国人观念中，往往有并无事业表现，而其人实是十分重要的。"作为例子，钱先生举了颜渊、闵子骞、冉伯牛、仲弓（以上四人为孔门德行四哲）、伯夷、叔齐、管宁（三国）、箕子、朱舜水等人，他们虽无事业表现，"无论如何，这些人，都是中国理想文化传统中的大人物，他们承先启后，从文化大传统来讲，各有他们不可磨灭的意义和价值"。这意义和价值，换一句话来讲，也可以说是"影响中国历史"的吧。如果由钱先生来遴选"影响中国历史的人物"，或当没有秦桧和袁世凯，而会有一些"无事业表现的人物"在内。

《湖上闲思录》之思"我"

近看电视剧《肇事者》，剧中一位作家写的小说，引用了钱穆先生《湖上闲思录》里的一句话，"人人觉得有个我，其实我在哪里，谁都说不出。"

《湖上闲思录》的写作，是在 1948 年钱先生在无锡江南大学任教时，应报纸副刊邀约而写。后来作者谈及此书，曾说这书"多阐申庄意"（见《全集》，致余英时书，1980 年。下面有引录）电视剧中讲到的这句引文，出自《湖上闲思录》中第七篇《无我与不朽》。是说唯无我才有不朽的。或者也与庄子处世之道有关。钱先生在给余英时先生信里，说道：

穆作《庄子纂笺·序》，开首即言《庄子》为"乱世之书"，吾侪生值乱世，果能于其书有体悟，可多得处世之道，有《论》、《孟》所不言者。由此再上窥《论》、《孟》，当更可深入。观其《人间世》、《大宗师》诸篇，庄子实意在以不材处世。以高材如庄子，而只为一漆园吏，除其著书外，更不一露其材，良非易事。弟在今日，一切还盼能藏能晦，凡人事可省处，尽量求省，则百尺竿头定可更上更高，试即就《庄子》书细玩之。穆在离大陆前，在无锡江南大学徜徉太湖滨，独为此书作纂笺，尚有《湖上闲思录》一书，亦多阐申庄意。不知弟曾读过否？

此件写于1980年11月，当可推论《无我与不朽》一则之作意。

"我在哪里，谁都说不出。"钱先生举了几例说明。其中有"我的思想"。大体说，这也和我的皮鞋差不多，说是我的，也不尽然。我没有见到这皮鞋前，它已存在了。其质料和式样，也不是我所创，而且同样的皮鞋，世上各地多有。说是我的皮鞋，理由总欠充分。假如没有我，皮鞋仍然是皮鞋。思想虽然和皮鞋不同，但我的思想也不能离开当时环境和历史传统而存在，又怎能以我的思想来称之并以之自豪呢？

说到不朽，原文有"正因为无我，所以才不朽"，一天到晚"我"字不离口的，必与不朽没缘了。"凡属超我而存在，外于我而独立，不与我而俱尽的，那都是不朽。"穿皮鞋与不朽无关，而做皮鞋倒较近于不朽。"参加住屋，不如参加造屋。参加听戏，不如参加演戏，更不如参加编剧与作曲。""人生同时是剧员，而同时又是编剧者作曲人。一方无我，一方却是不朽。"所以，中国人有立德立功立言为三不朽的观念了。（以上除引号标出者之外，是笔者根据读后自己的理解写出的，或有出入，当以原书原文为准。）

钱先生是让余英时先生读《庄子纂笺》和《湖上闲思录》，由此并再上窥《论》、《孟》，则必有所获。现在仅读《湖上闲思录》之一节，不贤者识其小，只是比只看电视剧中所引一句稍好耳。

《庄子纂笺·序目》读后

1948 年末 1949 年初，钱穆先生在无锡江南大学作《庄子纂笺》。随后去了香港，次年到台湾一行，从中央研究院借书多种，续订此书，又次年，沈燕谋先生出钱促其付梓。钱先生在《序目》中说：

余亲任校字，版垂竟，报载平、津大学教授，方集中思想改造，竟坦白者逾六千人，不禁为之废书掷笔而叹。念蒙叟复生，亦将何以自处？作逍遥之游乎，则何逃于随群虱而处裈？齐物论之芒乎，则何逃于必一马之是期？将养其生主乎，则游刃而无地。将处于人间乎，则散木而且翦。儵忽无情，混沌必凿，德符虽充，枉梏难解。计惟鼠肝虫臂，唯命之从。曾是以为人之宗师乎！又乌得求曳尾于涂中？又乌得观鱼乐于濠上？天地虽大，将不容此一人，而何有乎所谓与天地精神相往来？然而古人有言："焦头烂额为上客，曲突徙薪处下坐"，此六千教授之坦白，一言蔽之，无亦曰墨翟是而杨朱非则已。若苟四十年来，漆园之书尚能索解于人间，将不致有若是。天不丧斯文，后有读者，当知其用心之苦，实甚于考亭之释《离骚》也。（中华民国四十年辛卯十二月一日钱穆识于九龙新亚书院）

此处的"民国四十年"，就是 1951 年。思想改造运动正在中国轰轰烈烈地进行。"念蒙叟复生，亦将何以自处？"实在是很无奈的。值得注意的是"若苟四十年来，漆园之书尚能索解于人间，将不致有若是"，这是什么意思？窃以为，这不会是说运动的领导者读了《庄子》，将不会发动这运动，而或是说，六千教授若能"有会于蒙叟之言"当能"处衰世而具深识"，不至于陷于"散木且翳"，"桎梏难解"之境地也。

这序目文中，另有讲到"余之生，值世又衰；而并世学人，顾少治《庄》而贵《墨》，震于西方之隆强，意切追随，摩顶放踵，若惧勿及"，或正可与上引"若苟四十年来，漆园之书尚能索解于人间，将不致有若是"前后呼应，参照阅读理解的。

几十年后，钱先生在给余英时先生的一信中，又讲到这《庄子纂笺》。（引文见本书《〈湖上闲思录〉之思"我"》）

钱先生屡次说，读《论语》读了要用。这里可以看出，读《庄子》也是要用。"果能于其书有体悟，可多得处世之道"，特别是在他所说的乱世衰世。当年他惋惜许多教授没注意读庄，今天（1980 年）又劝余英时读庄，其精神有一贯的。

序目中另句"齐物论之芒乎，则何逃于必一马之是期？"《钱宾四先生全集》的编者，在"马"字上加了私名号。这"马"，看来就是指的马克思了。齐物论是齐什么？钱先生《纂笺》里列引了几家的注之后，按曰："章刘说是。"章炳麟说的是"此篇先说'丧我'，终明'物化'，泯绝彼此，排遣是非，非专为统一异论而作"。刘咸炘说的是"此篇初明万物之自然，因明彼我之皆是，故曰'齐物'。后人多误认为破是非……佛家主空，一切俱不要，道家主大，一切俱要。根本大异，岂可强同！"这就可见"必一马之是期"是不科学的了。至少是，按庄子的看法是不可取的了。

《庄子纂笺》很难读，这序目也不好读。以上读后，是否有当，也殊无把握。回想思想改造之时，我刚到学校做教师，略有见闻，但是当时还以为是必要的，以为竞相坦白也是进步的表现。真是恍同隔世的了。

附：大学教授和思想改造

在网上看到一种看法，说，看今天的教授，倒觉得当年的思想改造或许是有必要的了。（大致如此，但忘了在哪个帖子里，找不到了）。

窃以为，这或许有点倒果为因。今天的教授和过去的教授不是同一批人，因为今天教授不行而去改造过去的教授，显然是不合理的，不必要的。

由于当年的思想改造，大学教授的地位大大降低，失去了尊严（包括别人眼里的尊严和自尊），甚至失去了教学阵地，即使生活水准也降低了。大学的教育质量自然受到影响。抗战期间的西南联大，名师群集，虽然有物质条件的困难（包括教学条件和生活条件），但是学生受到的教育是高质量的。思想改造后的大学，好像没能达到这个高度。又批胡适批胡风反右派，大学的传统差不多搞没了。而今天的大学教授，一般说，当是思想改造前的教授们的再传弟子辈了。如果没有思想改造，他们（和他们的老师辈）当能学得更好的吧。

如果说今天的教授，学术水平和思想水平够不上当年教授的标准，恐怕相当大的原因是当年的思想改造运动（和一系列后续的运动）对教育的摧残。反过来把他说成当年应当进行思想改造的理由，岂不是颠倒了因果关系吗。

当年钱穆先生在香港听到平、津大学教授思想改造的事，"不禁为之废书掷笔而叹"，时到今天，有人还觉得当年的思想改造或许是必要的，窃以为错大了。

司马光与《资治通鉴》

　　司马迁和司马光是我国历史上两位伟大的史学家,《史记》和《资治通鉴》则是两部重要的历史著作。胡适之先生说,清朝的崔东壁是伟大的史学家,钱穆先生就说,我知道的伟大史学家是司马迁和司马光,而不是崔东壁。

　　钱穆先生如此推崇司马光,但是他在向学生们介绍《资治通鉴》时,也同时指出了这部史学名著的不足处。一是有好多事删除不入《资治通鉴》,如屈原、鲁仲连、商山四皓、严光等人和他们的事,《通鉴》里全没有。一是《通鉴》的正统观,如讲三国时以魏为正统,说"汉丞相亮帅诸军入寇"等。一是他的年号记载,如一个皇帝在一年的中间改年号,如在十月改,而《通鉴》提前在一月就使用这年号了,容易把事情搞乱。以上都是不能叫人满意的地方,钱先生这样说。还有司马光写的"臣光曰",也有地方是后人不满意的,如未免太看重了德而不看重才。但是,"现代人往往看不起《通鉴》中的那些'臣光曰',……我们学历史的,不仅要能考史,还要能写史,也要能评史","不该全把现代人眼光来反对"。

钱穆先生介绍了王船山的《读通鉴论》，认为是一部很了不得的好书。治史学的，更不可不一看。钱先生举了书中一例，接下去说："诸位读书，应懂得像此般用心，自己见解慢慢也就高了，才能来讨论上下古今，自己也变为一个有用的人。千万不能照现在的读书法，只拣一个题目找材料，自己的见识学问不得长进。此是读书做学问一最大分歧点。"

《通鉴》写了一千三百多年内的历史。记载这些年的史事，原来有"十七史"，司马光和他的同事，就是根据原有历史书，编集材料，写成《长编》、《考异》，最后删定。前后花了十九年的时间。除"十七史"，还参考了二百多家其他历史著作。

有人从根本上否定《资治通鉴》，有几个理由：如没有哪个皇帝会从中得到借鉴而使国家得治；如司马光只想给皇帝提供鉴镜，而这并不是历史著作的使命等等。其实，司马光写这书时，原书名是"编集历代君臣事迹"，后来是皇帝给它赐的"资治通鉴"书名。这《通鉴》不仅从几百种参考书里为我们录下了许多"十七史"中没有记载的史料，从许多种不同的记载里找出比较符合历史事实的一种，还以"臣光曰"的形式留下了许多精辟的史评（那些和现在的时代要求不合拍的，至少也可告诉我们当时的人是怎样想的，或说当时的朝廷大臣是怎样想的）。如果从根本上否定《资治通鉴》，或可认为就等于否定司马光本人，进而近于否定二十四史上有记载的所有名臣良相，也就近于认为中国历史只是封建专制，没有什么可以称道，可以留恋的。问题便大了。

这里，再抄几句钱先生《中国史学名著》里的话：

不过我们对于一书，只能多采其长，不当专指其短。一书总有缺点，也是举不尽举。……我们读一书，要了解此书精神所在。任何书不会都使人全体满意。我们做学问读书，要能采其长，不是要索其瑕疵，来批评它的缺点。今天我们则反其道而行之，不懂得一书长处，而喜欢来找它短处。或许所找出的，也并不是它短处。

王船山说："《通鉴》能于十七史之外，旁搜纤悉，以序治忽，以别贤奸，以参离合，以通原委，盖得之百家之支说者为多。"这里的几个"以"怎样怎样，是当时的人对《通鉴》的很高评价，而今人对治忽、贤奸等等的看法往往与前人不同，因而就认为司马光和《通鉴》不过如此，甚至一塌糊涂了。例如冯道，他做了前后好几个朝代的大臣，自称长乐老。从五代到唐宋，人们对他还是尊敬有加，认为是个贤人。"厚德稽古，宏才伟量，虽朝代迁贸，人无间言。屹若巨山，不可转也。"到欧阳修《新五代史》，才对冯道作了批评，批得体无完肤。在《通鉴》里，司马光全抄了欧阳修的批评，自己又写了一大篇"臣光曰"来批评冯。欧阳修、司马光的批评，改变了冯道的形象，冯道就此被钉在耻辱柱上。时至今日，世风又变，冯道又有点恢复名誉了。所以《通鉴》的"臣光曰"，乃成了人们批评的对象，甚至厌恶的对象。钱穆先生说："《通鉴》中有些评论，我们究不该全把现代人眼光来反对。"

《资治通鉴》除了可供皇帝"鉴"以外，还可以供历史学家"鉴"的。

如果只读"十七史"，不去看那二百多种其他史书，《通鉴》就会少掉不少材料，而且"十七史"中有些记载失实或评价不当的内容就得不到补充和纠正。司马光的这一写作经验，我们一定不可忽视。这一点，《读通鉴论》已经告诉我们，钱穆先生又提醒我们。显然除了对历史学家，对我们一般读者也是有意义的。"兼听则明"，皇帝需要兼听，历史学家需要兼听，我们也需要这兼听。

"苟全性命于乱世"

　　诸葛亮有一名言："苟全性命于乱世，不求闻达于诸侯"。周作人也讲过一句："苟全性命于乱世是第一要紧，所以最好是从头就不烦闷。"（《闭户读书论》1928 年，转引自《读书》，2004 年第 1 期）这两处的"苟全性命"是不是包涵同样的意义呢？《辞源》上对这四字有这样的解释：姑且保存性命，并就用诸葛亮这句话来做例句。

　　姑且保存性命，这对解释周作人的那句话无疑是很适合的。但是如果诸葛亮要姑且保存性命，那到诸侯那儿去求一下闻达，不是正能达到目的，为什么偏要不求闻达呢？周作人后来就是到日本人那儿去求闻达，以此来苟全性命的，这不正好从反面告诉我们，诸葛亮的苟全性命，应该有另外的不同的解释吗？

　　"性命"一词，既有生命的意思，还可以有别的意思。这词始见于《易经》"乾道变化，各正性命"，这里显然是不能在"性命"和"生命"之间画上等号的。性是本性，命是天命。两个字组成一个词，或许可解释为天赋予人的本性。也就是应当有的做

· 161 ·

人的原则。在乱世，要保全这原则，坚持这原则，则不应当到诸侯那儿去求闻达，应当是很合理的了。如果这样解释，"苟全性命"中的"苟"字，就不能再用"姑且"来解释，而要另找别解了。"苟"可理解为差不多，而差不多，既可以是写实的，也可能是谦语，不能说自己做得很好，只说差不多了。这样，诸葛亮的"苟全性命于乱世"就可以说是"在乱世要努力地坚持做人的原则"。这就和下面的"不求闻达"不相矛盾了。

坚持做人的原则和姑且保存生命，其意义正好相反。诸葛亮苟全性命，就会有所为而有所不为；周作人苟全性命，就会以此为第一要义，别的都不重要了。用词同而实质大不同。《辞源》只提供了苟全性命的一种解释，如果本文的解释能成立，则《辞源》就显得有些不够了。钱穆先生《中国思想通俗讲话》一书中，论及过这"苟全性命"，认为不可把性命与生命混为一谈，本文据之立论。

修养与表现

　　《修养与表现》是《晚学盲言》中一篇，文中说："重修养，每求亲近人；重表现，好作相互比较。"钱先生说，中国人重内心修养，西方人重向外表现。而奥运会，一步一跳，都是比赛，"个人表演，胜者固若有荣；其于群道，究何意义价值可言？"

　　钱先生这个关于奥运会的质疑，是多年以前提出的。今日国人，羡慕西化日久，内心修养和外在表现究竟何者为重，恐怕许多人已倾向后者为重了。不但民间个人，即使在政府方面，也是如此。所以申奥就是一件大事。拿金牌，更是"若有荣"，而且还是为国争光。但是个人的"内心修养"，则因在轻重上不敌"外在表现"，所以即使是奥运冠军，若无上光荣，有时也会做出一些很没修养的事来。所以，钱先生这文章，虽然"旧"，还是"新"的。

　　在学术上自然也会有修养与表现的问题，也有中西文化的差异。"中国学问重修养，修养有得，乃以立其己而公之人。"孔夫子说"人不知而不愠"，道家也说"知我者希，则我者贵"。都不是主张自我表现，求人知的。"中国五伦，所重在对方，修养则归之一己。学问亦尽在此。"儒家、道家都这样。"西方自古希腊起，文学、哲学、科学诸项，皆贵自创造、自表现，不贵向人学、向人问，更不贵谦恭向人，以虚自居。来学来问者，亦同贵创造表现。故曰：我爱吾师，我尤爱真理。"过去，中国学生对老师自称弟子，老师则称"有朋自远方来"，称"弟子不必不如师，师不必贤于弟子"，称"后生可畏"等等。即使师生之间也是重谦重恭。这是一种人生修养美德。现在的师生关系，倒有些像钱先生所说的西方的情形了。这正如钱先生说的"哲学家论学著书，必贵自表现，能有新名词、新解说；又贵有逻辑，使人无可争，无可辩。科学则必求证据，证据亦为表现，使人无可争，无可辩。文学则讲于道路，演于舞坛，听者观者群集，能事必矣。其重己轻人之表现，岂不昭然若揭，又何修养之云？"钱先生说的是西方，却像说的是现在。近日还出现老师被学生杀死的事，就更谈不到修养美德了。

这《修养与表现》一篇所谈的问题，其实是与书中《历史上之新与旧》一篇相关相承的。今日国人喜新厌旧，追求西化，很自然就重表现而轻修养了。过去四书里是说修身、齐家、治国、平天下。后来废了私塾，设学校，起初是有修身课的，民国以后渐改为公民课，五十年（约）前又改为政治课。修身（修养）就一天一天地退隐，以至于刘少奇著《修养》一书被批为"黑修养"，因为他不强调阶级斗争，而去引用"孔孟之道"。直到今天，虽然有大学教授的《论语心得》畅销几百万册，可也只是讲追求快乐而已。

钱先生他回顾历史，东汉魏晋世衰道微，佛法东来；中国僧人视西土印度为中国而自居为夷狄。学问修养，都以佛为准。后来才觉得"佛说纷乘，不得其中心所在"，乃有判教之工作，从众说中组织分别，于是有了天台、华严两宗，又有了禅宗。"乃见佛法之中国化。一自然，一人文，自悟自发，正可见中国文化传统主要精神之所在。"于是在《修养与表现》一文最后，提出希望：

中国近代之崇慕西化，倘亦能如陈、隋以下佛教之有天台、华严、禅三宗继起，西化仍转为中国化，晚清儒有"中学为体，西学为用"之说，庶乎近之。一切相斗相争之商品武器，凡属科技，亦皆包涵在我传统之意义与价值之内，而一由我之文化传统加以运用，则宜可为利而不为害，此亦利多而害少。有志治中国史者，当求之魏晋南北朝，当求之五代宋初，当求之元清之入主。孟子所谓"天之将降大任于斯人也"，愿我国人贤达其勉之！

坚定力，戒浮躁

严耕望先生《治史三书·治史经验谈》里有很多经验之谈，其中一条是他的老师钱宾四先生提醒他的。严先生说：

记得一九四一年，我自武汉大学毕业，到成都从宾四师继续读书。一晚散步中庭，师谓我曰："你将来治学有成，必无问题；但中国人做学问的环境并不很好，在未成名前，找一碗饭吃都有困难，一旦成名，又必为多方面拉扯，做这样，做那样。你要切记，到那时，不要分心旁务！"这一番训诲，就是教我要有定力；迄今近四十年，记忆犹新，不敢忘，影响我的治学亦极大！

严先生回忆中的引文，可能有当时的日记之类文字资料作根据。钱先生《全集》所收给严先生信件中，也有类似说法（那是在严先生已经成名后的事了）。则可作这段话的旁证。

"一旦成名，又必为多方面拉扯，做这样，做那样。你要切记，到那时，不要分心旁务！"这种情况，从今天《百家讲坛》

一些讲师（大学里的教授）的遭遇可见一斑。他们倒没有分心旁务，本来讲什么，被人拉扯去还是讲什么，最多加一个和听众见面座谈或是签名售书什么的。不过今天江南，明天中原，又一天塞北，或者还得去香港、台湾。也够疲于奔命的了。想上去，严耕望先生不会这样行走，钱宾四先生也不会赞许这样做。

严先生书中，把"坚定力"和"戒浮躁"放在一起谈，同上《治史经验谈》中有几句话或可作钱先生话的补充：

浮躁可谓为定力的反面。性情轻浮急躁，不但是品德上一大缺点，也为治学大忌。因为浮躁的人，行为做事必定虚浮，治学何能例外，自然也是浮而不实，更何能做到勤谨和缓，亦何能有坚强的定力、集中心力与时光在学问上用大功夫？对于问题的探讨也必然浅尝即止，绝不可能锲而不舍的去深入发掘，缜密研究，彻底解决！这种个性的人，如有才气，自可小成，但绝难深入达到较高境界！而且浮躁的人亦易骄满，甚至狂妄，很难永远虚心的求长进！所以一个做学问的人，也要随时反省自己为学为人，是否轻浮急躁。如犯此病，就当极力戒除！

如果到《百家讲坛》讲演不能算浮躁，那随后的坐火车、飞机各处去讲，则对于集中心力与时光在学问上就会显得有不小的妨碍了。

牝牡骊黄

　　成语牝牡骊黄，是从《列子》里所说的相马故事来的。相马名家九方皋发现了一匹千里马，别人问：此马是公的还是母的？答复是牡，再问是黑马还是黄马，他答了是黄的，然而这两个答案竟全是错的，不过经"实践检验"，这马却真是名副其实的千里马。由于这故事，牝牡骊黄也成了成语，"不必拘泥于性别毛色等表面现象"，只要掌握其千里马的实质，就算是识马了。

　　或者说，牝牡骊黄不过是《淮南子》、《列子》里的寓言故事，太夸张了，实际生活中不大可能出现这样的事。其实电视专题片《宇宙与人》里就有这样一例，把佛教里六祖慧能"不是风动，不是幡动"的"幡"误成为"云"，幡和云显然是两回事，但慧能说"不是风动，不是幡动，而是心动"引用的人记得其意思，但忘了具体说法，就把幡记成云了。这正好可说明注意了马的千里是十分可能忘了（忽略了）"牝牡骊黄"的。

　　最近读书还发现一例类似的"错误"，见于钱穆先生的《师友杂忆》，讲他自己青年时代教小学生写作文的事。原文这样：

又一日，余选林纾《技击余谈》中一故事，由余口述，命诸生记下。今此故事已忘，姑以意说之。有五兄弟，大哥披挂上阵，二哥又披挂上阵，三哥亦披挂上阵，四哥还披挂上阵，五弟随之仍然披挂上阵。诸生皆如所言记下。余告诸生，作文固如同说话，但有时说话可如此，作文却宜求简洁。因在黑板上写林纾原文，虽系文言，诸生一见，皆明其义。余曰："如此写，只一语可尽，你们却写了五句，便太啰嗦了。"

读书到此，忽然想找一下林纾原文，乃发现这段里有不少"错误"：一是林纾的书名是《技击余闻》（不是"余谈"），一是不是"披挂上阵"而是"斫荆棘为地衣，命此六人者赤足践过之"，（接下去就是"一语可尽"的"依次渐过"四字，概括了大哥二哥直到五弟，接下去是"六郎不可"）。（见《技击余闻·石六郎》）。钱先生晚年写《杂忆》既"双目已不能见字"，自然无法去查考原文，但记忆所及，虽面目全非而精神不失，是以林纾文为例教学生写文不要太啰嗦，宜求简洁，不也正与九方皋相马而误记其牝牡骊黄如出一辙吗？

从《师友杂忆》及《宇宙与人》二例，正可说明《淮南子》、《列子》的牝牡骊黄这一比喻的深刻，而这一寓言，也正有力地为《宇宙与人》、《师友杂忆》作辩护；这是不能算什么错误的。未知是否可以这样看。

两位大师与直排

陈寅恪先生与钱穆先生生前是老朋友，去世前分别留下了相同的遗嘱：他们的所有著作出版，都不用简体字，不用横排（此是大意，不是原文）。陈福康先生《能否多出一点直排书》一文中，讲到有一出版社因用简体横排私自出了陈先生书而登报道歉事（但福康先生没讲简体字和私自出版的事），这道歉启事我也见过，非但道歉，而且停止侵权出版。后来《柳如是别传》等则是三联书店出版社（非是上面所说的那一家）用非简体，直排印的了。

钱穆先生的书，近年也在大陆出了不少。其中商务印书馆用的是台湾商务的版，非简体，非横排，受台北素书楼文教基金会授权。中华书局出版的情形略同。河北教育出版社也出了几种（未见其书，不知是否直排）。三联出的较多，号称系列，但全是简体字横排本，侵犯了作者保持作品的完整的权利，可以说是重蹈了上述那个出版社的覆辙。

三联书店出版这二位先生的著作，受到读者的欢迎，但三联这种厚此薄彼的做法，却是让人难以理解的。

陈福康先生文末，有一段精彩的结语，借录于此，以表同感："写到这里，我方憬然悟到陈寅老坚持不允许将他的著作横排（还有不许用简体字），决不仅仅是个人的爱好和尊严，是有他的深意的！"陈福康先生《能否多出一点直排书？》一文，载于《文汇读书周报》六月二十几的一期。

闵良臣先生《从直排说到如何对待陈寅恪》（《文汇读书周报》，2003 年 9 月 5 日），从题目看，主要是说陈寅恪先生，直排只是一个引子。但如果引子说得不在理，说下去也易使人怀疑的。闵先生说："中国这么多的读书人读了这么多年，到底是直排适宜他们阅读还是横排更适宜他们阅读，居然不如一个学者和一个教授？"这话隐藏了一个重大事实："中国这么多的读书人"其实很少读过直排的书，从小学一年级起，就是读的横排的书，后来看《少年报》、《青年报》，也是横排的，到了读大学，如果是文史类的，才接触一些直排的书，所以读陈寅恪先生的直排繁体字的书会感到吃力。而"一个学者和一个教授"，他们是专门研究这些问题的，要否定他们的意见，只用"这么多的读书人"的感觉，显然是不大够的。接下去，闵先生认为，"只要不是偏执，没有几个人会像陈福康先生这样认为陈大师的这话（不让人用横排出他的书——引注）有多少道理"，在这话前，有"倘依私见"四字。笔者认为，除了陈福康先生，他引用的美籍学者，还有他没引用的钱穆先生，其实很容易找到不少认同陈先生话的学者的，而且非但学者，即使中青年的中学教师、大学助教、讲师，以及其他行业里的文史爱好者中，也能找到"直排爱好者"的。这样，笔者的"私见"就与闵先生的"私见"不同了。

闵先生还说，"难道把直排改为横排也是因有权力的介入？"如果政府的提倡和执政党的提倡不算是权力介入，当然是没有介入了。教科书是政府（教育部）颁行的，《人民日报》是执政的政党的机关报，他们的横排难道不是一声令下，朝令朝改（一下子改成横排）的吗？横排问题与简体字问题略同，所以，现在有争议也略同，做结论恐怕现在还非其时，还会再争相当长时间的。

另外，在闵先生文章中，他对陈先生劝吴宓先生不要痴迷于毛彦文女士，而宜以"学德"为重的一段话的批评（批判），倘依私见，则似有脱离语言环境，把具体问题抽象化的毛病。今天我们读吴宓先生留下的日记，对这段痴迷的情感，也会认为太过分，不值得，觉得如果他听了陈先生劝，无论对吴先生还是对学术，都会更好些的。闵先生认为"有辱女性"是不是太言重了。如果有一女子（学界），为了婚恋问题，废寝忘食，坐立不安，荒废学业，我们套用陈先生话，"学德不如人，此实吾之大耻。嫁夫不如人，此何耻之有？嫁夫仅生涯中之一事，小之又小者耳。轻描淡写，得便了之可也。不志于学志之大，而兢兢唯求得美夫，是谓愚谬。"（改妇为夫，改娶为嫁，其他未改）来劝她，是否也会有辱男性呢？小和大是相对的，娶妇事小，学德为大。陈先生意思就是这样，闵先生定要说陈先生的"小之又小"是错了，未免吹毛求疵了。

钱锺书代序《国学概论》

上海人民出版社 2005 年有一本书《一代才子钱锺书》，作者汤晏，其中说到一件往事，"杨绛回忆，商务印书馆出版钱穆的一本书《国学概论》，上有锺书父亲的序文，据锺书告诉我，那是他代写的，一字没有改动。"

锺书先生写稿，基博先生未加改动，自己署名后交给宾四先生去用在书前。如果基博先生没有对宾四先生说过是小儿代写的，则这"代写"一事，宜作为永远的秘密，不应告诉与此无关的人，即使是亲密的家人。如果锺书先生告诉了杨先生，这"防扩散"的事，就应由伉俪二人共同负责。但是，杨先生公之于世，如果基博先生还在，他当何颜以对宾四先生。

也在汤晏先生这本书里，可见原载于《光华大学半月刊》的基博先生"训子书"一节，"勿以才华超绝时贤为喜，而以学养不及古圣贤人为愧"，这信写于 1931 年 10 月 31 日，距今七十多年了。窃以为，杨先生公布这件代父写序的事，未免有些"以才华超绝时贤为喜"的嫌疑。

今版《国学概论》，未见有此序，未知是从哪一年哪一版开始省掉这篇序文的。

也说朱熹和陆游的诗

《中华读书报》2002 年 10 月 30 日有一篇《一代文学才俊相叙清华》，讲的是十月间清华中文系当代文学与文化研究研讨会的事。其中有一位文学才俊说："宋代知识分子普遍看不起文艺，朱熹他们都觉得写诗是下流的事。陆游写了几首诗，后来表示很不好意思。"

想来这几句话不会没有根据，但是或许可以说是有很大片面性的吧。朱熹、陆游都不是不写诗，而是写了好多诗，包括很多传世名作的。"陆游写了几首诗，后来表示很不好意思"，若是没读过陆游诗的人，或会以为他只写过这几首使自己不好意思的诗呢。同样，"朱熹认为写诗很下流"，则易使人认为他根本不写或很少写诗。

朱熹的诗名是很高的。钱穆先生曾选编《理学六家诗钞》，对每家诗人都写一别传，《朱晦庵别传》之末，特提到他的诗。"其诗雅淡和平，渊源《选》体。胡应麟称南宋古体当推朱元晦。沈栾城句：'花月平章二百载，诗名总是首文公。'"朱熹诗经常入选近几十年各种选本和教科书的有：

春日

胜日寻芳泗水滨，无边光景一时新。

等闲识得东风面，万紫千红总是春。

观书有感

半亩方塘一鉴开，天光云影共徘徊。

问渠那得清如许，为有源头活水来。

以上二首也被钱先生选入《诗钞》。兹从钱先生此集中再录几首。

闻二十八日之报喜而成诗七首（录二）

胡马无端莫四驰，汉家元有中兴期。

旆裘喋血淮山寺，天命人心合自知。

渡淮诸将已争驰，兔脱鹰扬不会期。

杀尽残胡方反斾，里间元未有人知。

当时诗人"以不附和议迕秦桧去国，寓居于闽"，这二诗可和杜甫《闻官军收复河南河北》诗比美了。

又有一首《屡游庐阜欲赋一篇而不能就六月中休董役卧龙偶成此诗》，光看这诗题，就知他久想写一庐山诗，直到今天才

"偶成",喜悦之情溢于言表。诗长不录,有"长吟谪仙句,和以玉局章"之句,可见非但爱写诗,同时也爱读诗。

出山道中口占

川原红绿一时新,暮雨朝晴更可人。

书册埋头无了日,不如抛却去寻春。

不"下流"吧。

陆游的诗,"死去元知万事空,但悲不见九州同。王师北定中原日,家祭无忘告乃翁。"还有他的词《钗头凤》,则恐怕是中学生也都耳熟能详的,诗集中的诗,则不是几首几十首几百首,而是要以千计以万计的吧。

宋代知识分子给我们留下的诗词,是这样的多,这样的好,说他们普遍看不起文艺,说不过去吧。

"个体选择国家"

    《读书》第三期（2003 年）有一文《文化民族主义——刺猬的抑或狐狸的?》，由于对这文中提到的许多人名，如伯林、甘阳、王焱、列奥·施特劳斯、胡塞尔、柯亨、罗森茨威格、勒维那、维柯、赫尔德等等，都不熟悉，甚至没听说过，对文中许多名词，如末世论、历史终结论、历史进步论、存在论、诠释学等等，也都不熟悉，所以，看文章看不出所以然来。字是认识的，说的是什么就知之很少了。这当然不能怪文章作者。

    但是，似乎看懂了几行，"文化身份犹如生命，可以抛弃，但绝不可转移。一旦政治认同与文化认同彻底分离，一旦个体除自然权利之外并不拥有作为历史正当或民族虔敬的文化归属，那么就不会有实际或理念上的任何东西阻止个体选择一个现成的宪政国家。"说是看懂其实只能是"似乎"，只有最后一句，好像没有很不熟悉的名词概念，"个体选择国家"就是中国人改变国籍成为外国人，或反过来外国人归化中国，成为中国公民吧。

    读过两位原是中国人，而后入了美国籍的人写过这件事。杨

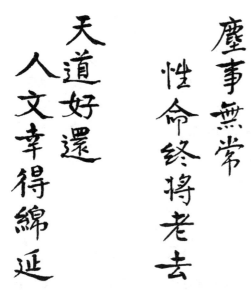

▲ 钱穆先生在素书楼度过最后一次春节时所撰对联，由夫人钱胡美琦执笔。

振宁先生获得诺贝尔奖时是中国人，持"中华民国"护照，后来他在美国日子长了，放弃了中国国籍，入了美国籍。他说，这个选择肯定使自己的父亲不快，但他（父亲）一直没有说出来。杨先生好像还有对父亲致歉的意思（以前看到的，没记下来，印象这样，大致如此）还有一位余英时先生，他不是科学家，是研究历史、研究文化、研究思想的人文学者。他在一篇纪念老师杨联陞先生的文中写道：

　　在正常情况下，人文学者在出国深造之后总是愿意回到自己本土的学术环境中去工作，一方面可以更新本土的研究传统，另一方面也可以使个人的长处发挥得更充分。在抗日战争之前，……第一流中国文史学者都宁可在国内发展自己的研究传统，而不肯长期留居西方做"汉学家"。……杨先生留在美国，是偶然的、不得已的。更重要的是一九四九年以后，中国大陆上的文史研究完全另起炉灶，他已没有本土的研究传统可以认同了，和他同时在美国留学的文史界朋友回到中国以后，没有一个人能继续发挥他的专长，有的更卷入了政治漩涡，身不由己。杨先生楚材晋用，终能在西方汉学研究的传统中推陈出新，这无论是对他个人或对汉学界来说，都是意外的收获。一九六五年他获得哈佛燕京讲座的荣衔，我曾有一小诗贺他，他的答诗说："古月寒梅系梦思，谁期海外发新枝，随缘且上须弥座，转忆当年听法时。""古月寒梅"分别指胡适之、梅贻琦两位先生；他一生的学术基础早已在中国奠定，北大和清华的学风对他具有定型的作用，尤其是胡适之先生和他论学的时间很长，影响更大。"海外发新枝"不仅是指他的学生，而且也包括他自己在内，然而这种发展并不是始料所及的。这首诗最能说明杨先生"饮水思源"的精神。（见《犹记风吹水上鳞·中国文化的海外媒介》）

余先生还在另一文中说，过去在国外的中国留学生总是不忘祖国，要为祖国作贡献，现在海外的中国学者要为中国作贡献，最好的办法还是选择入美国籍，以美籍华人身份去做。（这段非原文，因原文不在手边，文题也忘了，而大意如此，是有印象的）余英时先生说"第一流中国文史学者都宁可在国内发展自己的研究传统，而不肯长期留居西方做'汉学家'"，这当是他自己的体会，也可能与钱穆先生当年的教导有关。钱先生在给余先生的信里说过："弟若长留彼邦，实恐与吾弟学业前途害多利少。因彼邦学术界所要求于弟者，决与国内社会要求不同。弟长处此环境中，纵使一帆风顺，身安名遂，究与回国来困心衡虑曲折求达之所得，难乎相提并论。"等等。

他们两位，或许还不是如《文化民族主义》一文所说"政治认同与文化认同彻底分裂"，"不拥有作为历史正当或民族虔诚的文化归属"，但也"选择了一个现成的宪政国家"，所以这种选择，或许还是有痛苦的（不是没有障碍的）。我有一朋友，她的儿子现在选择了新加坡国籍。在国内上大学时，她多次和我讲，儿子学得很好，还有一张和钱伟长校长的合影，（她和他都很引以为荣的）。后来毕业前，和母校下属一个单位签订了就业合同，以后又违约，付了违约金，另谋高就，到新加坡去了。后来又听说，已经是新加坡公民了。做母亲的很高兴（与杨先生的爸爸不同），认为儿子有出息。想来儿子也会高兴，认为当年毁约是对了。恐怕也不会再以与校长的合影照片为荣的了。这样的"选择了一个现成的宪政国家"，或正如上引文所说，不会有任何实际上或理念上的东西来阻止他了。这种事例，显然不是个别的。也有外国人而选择中国国籍的，情形或也类似。

因此，我认为自己有些读懂了上述文章的几句了。当然十分可能只是郢书燕说，想当然的。

那篇文章，是介绍甘阳所作《将错就错》一书的。这书或许仍不是我看得懂的。但还是愿意看看这书，有机会的话。有读过甘阳，读过伯林的，请指教。

学术史中的师生故事

在中国古代学术发展史上，特别是在宋明理学、乾嘉汉学的学者大家中，流传不少关于学术师承、师生论学的感人故事。钱穆先生书中，往往多述及此类师生故事，从中可明中国传统学术之精神，传统学者之品格。以下摘择几则介绍之，每则后并标示钱先生书之出处。

陈履和师事崔东壁

（清乾隆年间），大名老儒崔东壁应礼部试至京师，有云南举人陈履和遇之逆旅，读其所著书《上古考信录》《洙泗考信录》而大服，北面请师事，相欢游如父子然。如是者两月余而别去，自此不复相见。越二十有五年，履和重来省其师于彰德之里第，则东壁已先五月卒，无子嗣。家人闻叩门声，曰："是云南陈举人乎？"出遗嘱哭授。遗嘱曰："吾生平著书三十四种，八十八卷，俟滇南陈履和来亲授之。"履和再拜柩前，捧全书去如京师，遂次第付梓焉。当是时，世稍稍知有大名崔东壁也。呜呼，学术之精微，其相契于心髓，相要以生死有如是哉！

(《中国学术思想史论丛[八]·崔东壁遗书序》)

颜习斋与李恕谷

颜习斋四十六岁而无子，想买一妾以生育后嗣。不料被媒婆所骗，花了银子买回的女子不称心（不能生育），乃嘱媒婆再卖掉她，再用原银重新买过。李恕谷时年二十二岁，乃劝他说，你被媒婆所骗，这妾可以"休"掉，退还其父母，但不可转卖，转卖岂不是又让媒婆去骗他人吗？颜习斋因为"立嗣事迫"，很想取回原银以再买，所以一时感到很难答复。李恕谷又说，"改过不畏难"，"畏难则过不改矣"，你先生是要为千百世人做榜样的人，还怕难吗？颜习斋汗流满面，无地自容，承认错了，并向李致谢下拜。李恕谷也下拜，再说：先生既赞同我的话，希望你朝闻夕改。颜习斋说不必到夕了，当天饭后二人便拿身价十九两到媒婆处将女子赎回，送回她父母处。

李恕谷从这件事得到鼓舞，"志气若增益，效习斋立日记自考，自此日始"。以后并"常与习斋会质日记，互致箴规"。过了几年，李恕谷"执贽习斋正师弟礼"，正式拜颜习斋为师，学术史上，两人都是有地位的人，并称"颜李"。

今天是没有买妾立嗣的事了，也没有"执贽正师弟礼"的了，但颜李"其相处尤多，足以风末俗"，当今社会虽不可以

"末俗"概括，但人们相处的关系，不正可以从颜李交往处获得启迪吗？

（本节引文见《中国近三百年学术史·第五章》）

段玉裁尊师

……段玉裁是戴东原的学生，他来编一部《说文解字注》。段玉裁还有一篇文章题名《博陵尹师所赐朱子小学恭跋》，博陵的尹师，也是他的一位先生，赐他朱子的《小学》，他做一篇跋，跋字上加一个"恭"字，叫"恭跋"，恭恭敬敬写这篇跋。文言文也好，白话文也好，用一个字就表示这个人一辈子的内心。他看重朱子，他为朱子的《小学》作一跋，一定要称为"恭跋"，表示自己对朱子有番恭敬的心情。中国人讲究这一套。段玉裁那时已经是一个大师，他自己在这篇文章里讲，他所注的《说文》怎么能够叫"小学"呢？那仅是教人识字而已。朱子的《小学》才是真的小学，朱子是教人怎么做人。其实我们只要看段玉裁的文章，在"跋"字上一定要加一个"恭"字，恭跋朱夫子的《小学》，那么就可以证明段玉裁不反宋学的。

我不是研究小学的专家，可是我对段玉裁私人的道德方面是很看重的。他科举在戴东原之前，他已考上科举，戴东原还要去考进士。两人见了面，段玉裁佩服戴东原，要拜他为师，戴东原答应收他为学生。诸位今天已念研究所，或是已得到博士学位了，若碰到一个你佩服的大学生，肯拜他为师吗？就在这一点上，可知他的伟大。我不劝你们去研究段氏《说文》，做一个小

184

学专家，我劝你们读读段玉裁这篇恭跋朱子《小学》的文章，你就会觉得这种人人格之高明伟大，可以为百世之师。《博陵尹师所赐朱子小学恭跋》一文，收在段玉裁《经韵楼文集》卷八中。

（《经学大要·第三十一讲》）

程易畴的老师

（程易畴）少入塾，塾师问其志，曰："无志。穷达由天命，穷则为匹夫，不得曰非吾志而却之也。达则为卿相，不得曰吾志不及此而逃之也。"师曰："此即圣贤之志也。"

（《中国学术思想史论丛（八）·清儒学案摘钞》）

这少年的志，是学校教育里一个古老的问题。清朝的塾师会问学生，现在的老师也会让学生写《我的志向》一类的作文。再向前，孔夫子就讲过"十五而志于学"了。问题是不变的，答案则是会变的。有的时候，学生会立志做一普通劳动者，像时传祥那样；有的时候，学生又愿做科学家，像陈景润这样；还有时，学生会想做大款，想做大腕什么的。程易畴的答案也不失为一个很好的回答。

值得注意的是这位塾师对这一回答的肯定，"此即圣贤之志也"，这是一极大的肯定。是最高分了。现在的学生作文，如果说"无志"，没有志向，这篇作文恐怕是不会得高分，多半会不及格，甚至会得零分也说不定的。

王艮和王阳明

王艮字汝止，泰州人。学者称心斋先生。七岁受书乡塾，贫不能竟学，从父商于山东。常在衣袖中带《孝经》、《论语》、《大学》，逢人质难。有一天，他父亲寒天起床，冷水盥洗，他见了，痛哭说："为子令亲如此，尚得为人乎？"于是有事必身代，因此不得专功于学。然历年默究，以经证悟，以悟证经，人莫能窥其际。时守仁巡抚江西，讲良知学，大江之南，学者翕从。艮僻处乡隅，未之知。有客，吉安人，寓泰州，闻艮说，诧曰："汝所讲，乃绝类王巡抚。"艮大喜说："真么？"他又说："王公论良知，我讲格物，若真讲得相同，是天意把王公送与天下后世。若讲得不相同，或者天意要把我送与王公。"遂立身起赴江西，求见。守仁出迎门外，肃之坐上座，他不客气坐了。谈论良久，渐渐心折，把坐位移到侧边去。谈毕，叹曰："简易直截，我不如也。"遂下拜称弟子。退而思之，感有不合。悔曰："我轻易了。"明日再往，告以悔。守仁说："你能不轻信，好极了。我们当仍以朋友宾主礼相谈。"于是他重坐上座，辩难久之，始大服，仍纳拜愿为弟子。守仁向他门人说："向者吾擒宸濠，心无所动，今却为那人动了。"他在江西住了些时，忽然说："千载绝学，天启吾师，怎好使天下有听不到吾师说法的人？"于是告辞归家，特造蒲轮，直去京都，沿路招摇讲说。时京师正对守仁谤议蜂起，他冠服异常，言论耸动，群目以为怪魁。同门在京者劝之归，守仁移书责备。他始还会稽。守仁因其意气太高，行事太奇，存心要裁抑他。艮来三日，不获见。适守仁送客出门，艮长跪道旁，说："我知道自己错了。"守仁不理，径自返入。艮随进到庭下，厉声说："孔子不为已甚。"守仁方揖之起。守仁卒，艮回泰州，开门授徒，远近麇集。守仁门下，王畿最称辩才，然有信有不信。独艮能从眉睫间稍微表示，叫人有省觉，人尽爱戴之。

《宋明理学概述·四七王艮》

慕名，面谈，心折，拜师，悔，论辩，大服，纳拜为弟子。一波三折，引人入胜。阳明先生相当于博士导师，王艮仿佛自学成才慕名前来求师之研究生。师生相得之状值得今人艳羡。但今之求师者，恐无心斋先生此种坐上座，与老师辩难往复，"渐渐心折，把坐位移到侧边去"之风度。而今之导师，能如阳明先生之延请后生上坐，坐而论道，最后"却为那人动了"者，又复有几？此或亦此节传为佳话，传之几百年后之原因矣。

当儿子谈到父亲

　　季羡林先生去世以后，他的儿子写了一本书《我的父亲季羡林》，这本书我还没看过，只在报纸上读到一段"我和父亲季羡林的恩怨"。其中说父亲遗弃了他，而且是很无理、很粗暴地遗弃了他，是因为他对母亲尽孝而动怒的。父亲儿子十三年不相往来之后，父亲让儿子去医院见面，以后就好像是"复为父子如初"了。

　　"是什么意见能在他心里铸成我们父子之间的所谓大恩大怨、大仇大恨，而竟至不能克制终于发作呢？"；"还赠我'身败名裂，众叛亲离'八个字"；"我给父亲写了一封信……解释了我某些行动的原因并为之辩护，也针对有些人的作为说了八个字：'冠冕堂皇，男盗女娼'。我说这话完全不是针对父亲，而是另有所指"；"从远处讲，我们对父亲的意见，无非是觉得他对家里人太吝啬，太小气，太冷淡。他在外面表现得越慷慨，越大方，越热情，我们的这种感觉就越明显"；"我有心养你的老，也一直是这么干的，累死累活地干了几十年了。"

钱穆先生说，读中国历史，应当有一种温情和敬意在心中，成为一种信念。我认为，一个儿子在写他的父亲、谈他的父亲时，心中也应当有一种温情和敬意。可是，季羡林先生的儿子在写这本关于他父亲的书时，是没有这种温情和敬意，反倒有怨，有很深的怨。所以他笔下的事实，也会因而不客观，不能令人信服的。

有人问孔夫子，说我们那里有人偷东西，他儿子出来揭发他，这可以说是正直吧？孔子回答说，我们那边正直的人不这样，他们父亲会为儿子隐瞒，儿子会为父亲隐瞒。孟夫子他也曾设计过一个父亲犯罪儿子怎么办的"范例"。他说假如舜的父亲杀人，法官皋陶要绳之以法，舜如果让皋陶去执法，就不孝了；如果让皋陶别去执法，舜就是不忠。忠孝不能两全时，孟子提供了一个办法。舜可以放弃地位，背着父亲逃到北海之滨，还可以快乐地过日子。

曾子还说过，如果父亲打儿子，儿子应当怎么办？他说，如果是小打，就挨着。如果是大打，就逃吧（不是怕自己被打死，而是如果打死打伤，就会陷父于不义）。

以上是中国传统社会儒家的一种行为准则。在现在的中国，不能当金科玉律了，应当也有参考价值吧。季先生父子的"恩怨"，既然在最后已经重建了亲情，父亲去世后，儿子这本书，其实是不必写，不应写的了。我这样以为。

代沟和色难

　　子女小的时候，是父母教育子女，所谓的"养不教，父之过"。二三十年过去，子女长大成人，而且往往在受教育程度上，经济收入上，社会地位上，都"强爷胜祖"，超过父辈很多。于是往往就有了代沟。许多问题上，看法会不一致。这个时候，老人一般是不大会有当年那种教育子女的豪情，倒是子女，往往会有改造父母、再教育父母，使其改变观念，共享幸福生活的想法。

　　有篇文章《不要到儿女那里去凑热闹》，好像主张，既然合不拢，就各行其是，各过各的生活好了。只要岁时伏腊，一年会面几次就够了。或者像外国人那样，到时候发个贺卡，打个电话，送一点小礼物。不过这好像不大符合中国传统习俗。这个"好像主张"，是我的一种无端猜测。其实老少两代人，都不大会这样主张。上代人，他们会用一句老话自嘲"若要好，老做小"，用一个"忍"字求安（古人还有以百忍来求安的"佳话"）。下一代人，他们则往往会想教育父母、帮助父母，改变旧观念，享受新生活。

敬一丹先生在她那本书《那年那信》里，就给她侄儿讲了她父亲怎样帮助长辈老人改善生活、提高生活质量的事。说他为两个人独立居住的老父母（侄儿的爷爷奶奶）添置了洗衣机、大电视、空调，这其中受了老人多次的责骂。他邀请了帮手把大家电送到父母家去，自己避免出面，以免挨骂。甚至还用了苦肉计，说爸妈不用空调则自己也绝不买空调。老太太心痛儿子，才允许了装空调，等等。敬先生还称赞了她弟弟，这是做到了孔夫子说的色难。

大家电是什么？其实也就相当于孔夫子时代的犬马皆有养和有酒食先生馔，不是最主要的。色难是什么？色就是态度，有什么难？态度是外在的，心情才是内在的。有什么心情才有什么态度。当年父母对子女，或许会有恨铁不成钢、邻家的孩子好和揠苗助长的心情和态度，今天的子女长大成人，如果也有邻家父母怎么这样开通，我家父母却是这样的老脑筋，说话总说不到一块去这样的心情，也就会"色难"，不容易做到孔夫子要求的标准了。

代沟，是客观存在的，特别是现在，社会变革发展很快很大的情况下。两代人讲话，容易话不投机，子女一方应当对父母有温情和敬意，勉为其难。而最不可取的，则是自以为是，片面责怪老人家，不愿倾听老人的话，反而不断地代父母做主或是向父母说教，该怎样不该怎样等等。

《晚学盲言》是钱穆先生晚年的著作，全书九十篇，完成于上世纪80年代，他九十二岁那一年。其中有一篇，《中国传统文化与人权》，其中说到"遵依中国文化传统来试释西方所言之

'人权'","人权当不属于分别之个人，而当存在于和合之群体"。
"人生来自父母，中国人提倡孝道，为子女者必当对其父母知亲知尊，斯则为父母者，必各得其受尊受亲之地位，此可谓天赋之'自然人权'。"这做儿子女儿的对父母要知亲知尊，也就是要有温情和敬意的意思吧。文章又说到，"故孝子不能先求改造父母，'天下无不是的父母'，即父母而善尽我孝。此之谓人道。吾道所在，及对方人权之所在。岂得背弃父母不加理会，即显出我之人权"等等。

钱老先生八九十岁时，眼睛不好，不能看书，不能改稿，写成《晚学盲言》非易事。他在序言里说，得失难定，幸读者有以正之。对照今日时下两代人间之差异矛盾，我觉得引用一些当是有益的吧。这"即父母而善尽我孝"，敬先生书中她小弟的大孝或者庶几近之吧。

肯尼迪《当仁不让》受到钱穆先生青睐

　　20世纪60年代，美国总统肯尼迪刚上任的时候，他的一种传记文学作品正被译成中文，在中国台湾、香港（那时是英国统治，尚未回归）等地上市。中文书名叫"当仁不让"。书上写的是美国历史上八位伟大人物的事。这本书当时还获得了普利策传记文学奖。

　　钱穆先生时在香港，新亚书院做院长。他读过这册传记文学作品《当仁不让》后，在当地一家刊物《今日世界》上写了一篇书评，题目就用这个书名：当仁不让。后来此文被编入《历史与文化论丛》中，现在能在《钱穆先生全集》中读到。

　　钱先生此文，前一半多篇幅先是讲的中国历史文化，从孟子的"徒善不足以为政，徒法不能以自行"说起，上推到周公制礼作乐，孔夫子说"人而不仁如礼何，人而不仁如乐何"，说到后来中国儒家所说"有治人无治法"，说"人若昧了良心，缺了勇气，纵有好制度，也将无奈之何"。钱先生说，中国传统意见"一向重视人胜过其重视法，即是说：制度虽重要，而人物更重要。这一项传统意见，实有长时期的历史经验作它的根据"。

到了近世一百年来，中国人学习西方，认为西方是进步的，中国是落后的。要全盘西化，中国问题就解决了。但是"流弊所及，过分重视了制度，而忽略了制度背后的人物，忽略了作为人物骨干的德性，忽略了作为一个人物所必需具备的良心与勇气"。"从辛亥革命以来，这五十年，种种扰攘动乱，不能不说，太重视了制度，而忽略了人物与德性，这一偏见，也是一项主要的因素。"

文章后半，才说到《当仁不让》，对美国总统这本书给了很不错的评价，说了几次"此书不可不读"（分别对想要了解西方民主制度的人，要了解东西文化异同的人）和"对此书仍当一读"（纵使对政治无兴趣，对历史无研究的人）。最后还说，"尤其是青年人，读此书可得无上鼓舞，无上激动，得无上的启示与振作"。（钱先生真希望更多的人能从此书获得教益啊）尤有甚者，钱穆先生进一步指出这书描写人物的成功之处。一是能在人物活动与历史、时代之关系处扣紧落笔（读者由此可以明白此人之所以成为历史人物、时代人物之所在）；又一是他能设身处地，写出人物当时内心深处之种种刺激、顾虑、压迫、愤懑，清晰剖示，曲折传达（使读者明白其人之所以成为时代人物，而在历史上有其不朽价值，原来在内心德性上，必有这样的基础，这样的磨炼）。"甘氏书之主要价值正在此，而其笔力生动亦足以达，使读者能在无意中受其激动与感召。"（肯尼迪在港台的中文译名多作甘迺迪）

钱先生他没有提到是谁把肯尼迪（甘迺迪）这书从原文译为

中文，也没有说这本中文书是台湾出的还是香港或者什么地方出的。从钱先生写这篇评介到现在又过去五十多年了。钱先生在中国大陆的儿女们，要到 1998 年台湾出版《钱宾四先生全集》以后，才从书中看到父亲写的这文章，而还不知道中国大陆有没有这书另外的译本。只是从钱先生书中知道有这样一本好书吧。

事实上，大陆的此书新译本《肯尼迪：信仰在风中飘扬》（译者马小悟先生）要到 2013 年才由北京大学出版社出版，人们从这新译本的译者序中，可以知道《当仁不让》最早的译者是汪扬思先生，1961 年由香港今日出版社出版。

钱穆先生写书评是在 1961 年，他的儿女们知道这篇书评在 1998 以后，而在大陆看到新译本则要到 2013 年。2014 年暑假，钱穆先生的一个孙女带着两个儿子从美国回中国，在苏州家中，父亲问女儿是否听说过肯尼迪获得普利策奖的名著，女儿说没有听说过，可是在边上两个美国小学生却能应声答出此书书名 *Frofile in Courage*！可真有点出人意表！

《论语》里的天命

　　孔夫子说他自己五十而知天命。这是他在七十岁以后回顾前尘时说的。

　　今天我们可以看看，他五十前后的生活、作为等等的情况。这或许对我们了解"知天命"的概念会有帮助。

　　他早年做过委吏、乘田等低微职业，后来三十岁左右就设帐授徒，盛名在外，门生众多。就在五十岁后，开始在鲁国做官，中都宰、司空、大司寇，一年之内升官很快。大司寇做了三年，许多门人也随之出仕，最后孔夫子堕三都失败，有公伯寮在季孙那里进谗言，以后不久，孔夫子就离开鲁国，这个国家几年那个国家几年（周游列国），直到晚年才回鲁国。从这些经历看，他知天命，表现在哪里？

　　《论语》里也记载了孔子的话"道之将行也与，命也；道之将废也与，命也。公伯寮其如命何？"这就是在公伯寮进谗那时候说的。这里说的"命"，就是"天命"吧。

　　钱穆先生《孔子传》里这样说："孔子五十而知天命，非不知鲁国当时情势之不可为，而终于挺身出仕，又尽力而为，是亦由于'知天命'。盖天命之在当时，有其不可为；而天命之在吾躬，则有其必当为。外之当知天命之在斯世，内之当知天命之在吾躬。至于公伯寮之进谗，此仅小小末节，固非孔子所欲计较也。"

孔夫子，就是这样知道不可为是天命，还必挺身为之尽力为之也是天命。这就是知天命的表现了吧。

孔夫子五十而知天命，我们今天，不论是没有到五十还年轻，或是已经过了五十甚至已经退休，要懂得，这天命要分外和内两方面来知和行，应当也是很重要的吧。

欧阳修和虎丘

都知道白居易有关于虎丘的诗《武丘寺路》，苏东坡有来苏州不能不游虎丘的名言。你知道欧阳修有没有为苏州为虎丘留下什么名言名篇吗？

欧阳修可能没有来过苏州，也没写过苏州。但是苏州人却引用过他写滁州的文字在苏州，在虎丘。这可以在钱宾四先生的文字里找到证据。

钱宾四先生是无锡荡口人，少年时常来苏州的，青年时并曾在苏州中学执教。他晚年在台湾的一次讲学中讲到了苏州虎丘山，讲到了欧阳修。他说欧阳修写过一篇《醉翁亭记》，讲的是滁州的事，而苏州虎丘山上有一茶室，室内横匾上就写这其中的"其西南诸峰林壑尤美"几个字。有人说文言文是死文学，但欧阳修这几个字已一千多年了，现在用在苏州虎丘，却如此贴切，使人感到亲切，如天造地设般，可见文言很有生命力，完全没死。

在钱先生的另一篇文章里，他又说到这事。"苏州城外有虎丘，亦风景名区，千古游人同所欣赏。但仅一土堆，不成一山。丘旁亦无水流。然丘上有千人石，有一线天，颇具名山胜概。丘隅一小茶楼，有一横匾，书'其西南诸峰，林壑尤美'。凭窗远眺，西南有太平、天目诸山。匾语见北宋欧阳修《醉翁亭记》，已隔千年。滁州、苏州山水风土绝不同，而茶楼此一匾，却正见'风景'之不殊。"这段文字见于《晚学盲言》中的《大生命与小生命》，是钱先生晚年所写，有一些记忆错误。如千人石，是在虎丘，而一线天，则不在虎丘而在天平。丘旁亦无水流一句也不确。下面太平、天目诸山，也可能不确。虎丘山的西南诸峰，近的有狮子山、天池山，远一点有天平山、灵岩山，再远则是东山、西山。这都是最有名的。另外那一带还有很多山，可惜前些年开山取石破坏了一些，不过"其西南诸峰，林壑尤美"的总格局还在。不知现在虎丘山上茶室里这块匾还存在不存在（好像没看见过也没听说过）。如果没有了想来要恢复也容易。请一位书法名家补一块，挂在虎丘西南角上的茶室，最好是楼上，就可以了。

恢复用欧阳修名句写的匾是一件事，还有一件事是保护好这西南诸峰。有已被开山采石破坏了的风景山，应当还逐步补救挽回。让欧阳修这句话继续适用于苏州，让苏州无愧于欧阳修的这句话。这一工作前几年在新区高景山已经做了，并开始看到成绩。还有树山村，近年梨花开时也着实风光得很，吸引了无数的游人。但是个别地方还有一些残破的山体正待修复。愿欧阳修这句话永远适用于苏州！愿苏州西南诸峰过去美，现在美，将来尤美。

钱穆先生还在苏州

那天去参观教育博物馆回来，有朋友问，博物馆里看到钱穆先生了吗？回想一下，是跟学校退休老师一同去参观的，时间也很有限，要看展览，又要看柴园风景，好像真没有看到关于钱穆先生的陈列。可能是真没有，也可能是有的，但我没有看到。

要说钱穆先生和苏州教育，当然搭得上边。他在苏州教过中学三年（苏州中学），又教过大学（河南大学，当年迁苏，校部设在怡园，钱先生在沧浪亭附近授课），还在苏州耦园编辑过齐鲁大学的学报，还有他的著作《国学概论》也是在苏州中学期间最后完成的，《先秦诸子系年》也是在苏中时写的，等等。当年在河南大学苏州校听过钱先生授课的老先生，现在苏州还能找到几位的吧（不过人不会多，年龄也不会小，总要有九十以上了）。

如果到苏州中学，校史室里必有钱先生的照片。但是未必是当年在苏中时的，大概是他到北平任教以后留下的。在苏中图书馆，自然可以找到许多钱先生的著作，还有一块匾额"尊经阁"，下面署名就是钱穆（不过估计这不大可能真是钱先生专门题写的，或许是从他的其他墨宝集字而成的吧）。

苏州中学在三元坊，当年顾颉刚先生到苏州中学探望钱先生，读了他写的《先秦诸子系年》稿本，后来就介绍他到大学任教。那时据钱伟长先生回忆，他还在苏中读书，并且就住在叔叔钱穆先生宿舍里。后来是顾先生建议，钱先生才让他住到学生宿舍。钱穆先生《师友杂忆》书中，则讲到过他到学校附近旧书店买书的事，那些书店，大概就在现在人民路乐桥附近。现在乐桥还有苏州古旧书店。书店门口，就是地铁站。是一个大站，一号线、四号线在这里换乘。在这个地铁站，有一面墙上，有文化、科学、教育名人的相片和简介。其中就有钱穆先生、钱伟长先生的相片在内。

苏州名人馆当然更有他们叔侄还有钱穆先生女儿钱易教授的资料。不过要看钱先生的著作，则可以到书店和图书馆。而且还能看到许多写钱穆先生的传记类图书。钱穆先生全集有两个版本，台湾联经版的和北京九州版的。书名不同，台湾联经版《钱宾四先生全集》，九州版是《钱穆先生全集》。书名不同，内容绝大部分是相同的。大概九州版的在苏州会较多（比联经版的），联经版的《全集》在近年落成开放的吴中区图书馆藏有一部，可供读者查阅。这是当年钱穆先生灵骨归葬大陆西山时，素书楼文教基金会赠送给吴县市图书馆的。

钱先生归葬西山，镇夏秉常村石皮山。这山是个花果山、茶山，从石皮山开垦成层层叠叠梯田花果山，大概也至少有祖祖辈辈几十代千百年的历史了。但是在层层叠叠梯田花果之中，居然会有一片不大不小的石坡不适于开垦，不适于种植，背后是山，前面是太湖的地方。当年钱穆先生遗孀钱胡美琦教授和钱穆先生女儿钱辉先生在当地乡镇干部陪同下，发现这片果树茶树包围之中的石坡，真是如释重负，"终于找到了"。后来办手续，请工匠，修道路，平土地……上世纪 90 年代建成的钱先生墓，墓碑是花岗石的，坟墓本体就是一个土堆，土堆上加了一层平地建墓时留下的碎石块，红褐色的石块围住土坟，像是一石墓了。墓前斜坡上修了几级石阶。周围当时也种了一些树。

从那时候到现在，这个墓经过二十多年，树木长大，增加。墓体本身，也经过两次变化。第一次在小坟外面加了花岗石贴面，扩大又增高了墓体，墓前铺设了花岗石的平台、围栏等等。而墓顶没有贴面，是个土顶，也长一些青草，墓碑还是原来的。时在钱穆先生百岁周年的一九九五年。再往后，是 21 世纪了，钱夫人钱胡美琦病逝后归葬大陆，就在原碑前面下方，另立一小碑，灵骨就葬在同墓中。墓的外形变化除了多了一碑外，墓顶也增铺了花岗石片，没有泥土和草了。

钱穆先生墓，在苏州二十多年了。他一生从事教育事业，大陆、香港、台湾、国外都有学生。还有学生的学生，或是他在香港创办的新亚书院的学生，可以说桃李满天下了。二十多年到钱先生西山墓前致敬、祭扫等等的人是很多的。钱穆先生外孙女顾梅（苏州职业大学副教授）讲过一个故事，去年的一天，她到西山书房里读书，到山上墓前去看外公外婆，见到墓前供桌上，有一本不久前听说出版的《中国文学史》，是外公当年在香港新亚书院开这门课时所讲，由当年学生叶龙先生用速记记下的笔记，叶先生晚年找出来，再加整理，交付出版的。这本书怎么会留在这里，而且有些被雨淋过的样子？顾梅先生猜测，会是叶龙先生来此谒墓，献给当年老师的吧。她说，我就代表外公收下这本书，留作学习吧。按照时间推算，叶龙先生在香港听过钱先生讲课，他的年龄总该有八十、九十了吧。

读书的用途收获或目标

在中华书局的一种月刊《月读》上读到一篇文章"《〈读书〉十年》的 N 种读法"。文章列举了作者认为的扬之水先生这书的六种可能的用途：

发现和搜罗好书的索引
学习作文法、读书法的教材
采撷警句妙语的花园
众名人逸闻趣事的例证
发现时代印记的老照片
记录和感悟人生的时光机

这六条都是标题，下面各有说明。另外还有"可以作品赏游记，可以感受母子情深，可以学习为人处世之道"等条，则只是列出条目，没有具体展开。

这样读了扬先生这书，可以有很多收获：发现许多好书，学到许多方法，抄得不少妙语警句，落实了众多名人的趣闻轶事……可以说是如入宝山，满载而归了。但是除了这些具体收获，或许还可以有别的读书的目标吧。

钱穆先生《历史与文化论丛》里有一篇《读书与做人》，其中说道：

下面我想提出两个最大的理想、最共同的目标来：一是"培养情趣"。人生要过得愉快、有趣味，这需用工夫去培养。社会上甚至有很多人怕做人了，他觉得人生乏味，对人生发生厌倦，甚至于感到痛苦。譬如：我们当教师，有人觉得当教师是不得已，只是为谋生，只是枯燥沉闷，挨着过日子。但当知：这非教师做不得，只是他失了人生的情趣了。今试问：要如何才能扭转这心理，使他觉得人生还是有意义有价值？这便得先培养他对人生的情趣；而这一种培养人生情趣的工夫，莫如好读书。

二是"提高境界"。所谓境界者，例如这讲堂，在调景岭村中，所处地势，既高又宽敞，背山面海；如此刻晴空万里，海面归帆遥驶，或海鸥三五，飞翔碧波之上；如开窗远眺，便觉眼前呈露的，乃是一片优美境界，令人心旷神怡。即或朗日已匿，阴雨晦冥，大雾迷濛，亦仍别有一番好景。若说是风景好，当知亦从境界中得来；若换一境界，此种风景也便不可得。居住有境界，人生亦有境界；此两种境界并不同。并非住高楼美屋的便一定有高的、好的人生境界，住陋室茅舍的便没有。也许住高楼华屋，居住境界好，但他的人生境界并不好。或许住陋室茅舍，他的居住环境不好，而他的人生境界却尽好。要知人生境界别有存在。这一层，或许对青年人讲，一时不会领会，要待年纪大了、经验多、读书多才能体会到此。我们不是总喜欢过舒服快乐的日子吗？当知人生有了好的高的境界，他做人自会多情趣，觉得快活舒适。若我们希望能到此境界，便该好好学做人；要学做人，便得要读书。

钱先生说的是读书，读书的目标、理想，最大的、共同的；如果在说读一本具体的书，应当也有可以适用的。所以我想，读了扬之水先生这本书，如果感到情趣、境界上有提高，这才是最大的收获，比上面提到的具体收获大的收获了。

钱先生墓前遇见青年人

　　无锡七房桥钱宾四先生的墓在苏州西山，已经二十多年了。近年台北素书楼钱夫人钱胡美琦逝世，也归葬于此。

　　西山的墓，每年清明，多是我们和妹家四个人去。偶有机缘巧合，孙辈或第四代有人在，也会一起去（即使不是在春天）。今年妹妹、妹夫身体不适，就有我们二人和妹家外甥女三人同去，而她学校中只有星期二有空，就定在 4 月 2 日去。

　　是日到西山，除了我们三人，还有两组青年人（和他们的老师）也去这个墓前拜祭致敬。这些朋友我都不熟，他们互相也不熟，只有我外甥女，她与他们两方都认识，到墓前就自然成了领导人、协调人、主持人。她在学校任课以外，在苏州碑刻博物馆有一个公益项目"梅子时间"，每周一次，和参加者一起学《论语》，写字，画信等。这天从东山来的一组人，是江南上书房的青年和老师，也来过这梅子时间。还有一组听说是孔庙里德善书院的，（那梅子时间和德善书院自然关系密切了）。

　　三方面人多有鲜花、鲜果、青团还有香烛、锡箔等供品，

——陈列在墓前，十多人依次鞠躬致敬（作为家人我就站立在旁，算作答谢吧）。三组人鞠躬之后，主事人又组织大家学《论语》十余章（朗读）。又放了一段《新亚校歌》的录音，结束后又提出，让我给年轻人讲几句，由于事出突然，又不可推辞，只说了一句谢谢大家，并鞠躬致谢。这倒也是真心话，谢谢大家。

一位老师说，按我们习惯，要三次敬礼，今天先自由活动，等会临走再敬礼一次吧（这一次集体敬礼，由我外甥女在旁下跪答谢了）。自由活动时间，有在旁边看书学习的，有墓前拔草，有互相交谈，有手机照相的。

近中午下山，最后离去，年轻人还带走了墓区附近收集的两大袋垃圾。回到俞家渡75号屋内，有老师安排，有人去买中饭（街上面馆的面、馒头等），有人烧水，有人参观室内环境（小屋有两层半，有父亲和继母的照片塑像、图书等）有的就在楼上看起书来，自然也有互相谈话了解情况的。江南上书房的年轻人，其实不一定是江南人，有内蒙古、哈尔滨和山东来的，他们报了一个北京师范大学的自考课程，全部要考二十多门科目，最近几天后就要去考一次，平日有网上的课程，这里的老师为他们作辅导，七个人租的房子，早晚饭是年轻人做，中午饭是女老师做（有点古风）。听到说他们自学考试的事，我想到手机朋友圈里有朋友发来的一段父亲以前给大学生讲话的录音，讲的是青年对前途的想法（有的以为是，其实不是前途，只是担心出路等等），或许可以让他们听听（比让我讲几句好吧），于是放了几遍（饭前饭后）。

吃过饭后一点多钟，我们两个先走，乘公交车回苏州，他们还要在那里座谈一会。承他们关心，两组里各有一位年轻人送我们到车站。步行大约十多分钟，四人也谈了不少（上节所写书院生活就是路上十八岁的哈尔滨男生所讲）。一位女同学比他略长，几年前在苏州中学毕业，是我外甥女的学生，这西山也来过几次。他们问及，你在学校教什么的，你写过什么书（大概听说了）等，我讲了书名，附带讲了用"毕明迩"搜索，可以找到一些文章的。当时她就找到了，并且发现了兴趣点、共同点（兴趣是她读过《三体》，我写了《地球人和三体人》。共同点是她去妈妈的爱小吃店吃过，很喜欢，还加了他们的群，又看到我也写过这个小店）。真有意思。

旧时苏州民间的"鸽会"

旧时苏州民间，有一种集资方法，称为"鸽会"（取其吴语读音），实际上是几个亲戚朋友自愿结成的短期（一般若干年，例如五年）互助合作组织。

下面介绍一个实例，是苏州博物馆馆藏民国时期的一个会证，也就是一个"鸽会"的合同文书。

这是 20 世纪 60 年代苏博建立时，市民捐赠给该馆的。文物账上记录为张一贯女士捐赠"中华民国会证"（张一贯、钱宾四各一通）、"中华民国会折"（钱宾四一通）。这"会证"与"会折"是什么呢？先看这会证上的文字（"会折"内容相近，意义相同，从略）。

第二期张一贯女士收执；第十期钱宾四先生收执。会证。

盖闻管鲍分金，千古传为美谈；患难相济，朋友有通财之谊。刻因正用，爰效蟠桃之举，敬集十位，计会本洋叁佰元整，一年二期，每逢阳历二、八月廿八、三十一日举行，以认定期坐收，毋许变更。预日具东相邀，至期风雨无阻。会外一切，不得纠葛。感荷诸公推爱，玉成是举。请以义始，誓以信终。会证俟期满作废，谨将台衔并认定次序及数目，按列于后。

第一期 民国二十年二月廿八日收

沈仲清太太 应解会洋 四十三元五角

第二期 民国二十年八月三十一日收

张一贯女士 应解会洋 四十元五角

……（每一期人士应交解会洋款项递减三元）

第十期 民国二十四年八月三十一日收

钱宾四先生 应解会洋 十六元五角

民国十九年八月三十一日 会首顺芬（钤印）订

这会证和会折，其实都是一种经济凭证，一种民间（一般是亲友间）集资救急的经济方式的凭证。某家遇事，一时有急用，需要周济救急，而所需款项或比较大，不便向一人一家借取，此人便在亲友间，通过协商，发起组织一个类似分散支出、整笔获取的互助会。发起者作为首会，可以先期拿到第一期救急的款项。如上引文所言，由沈仲清太太发起亲友十人组成，首会沈太太可以先期收取三百元，此后每半年为期，逢二、八月月末，每人出资，轮流收取；先收取者应付利息，故每期所付较多；依收取顺序的先后，各人出资多少不一；直到十人轮全一遍，最后一人收齐，会证期满作废。

如文所示，1930 年 8 月 31 日会首发起，在 1931 年 2 月 28

日、8 月 31 日，……每半年一例会，到 1935 年 8 月 31 日最后一次，十人例出轮收，前后五年内，沈太太第一、张一贯女士第二……到钱宾四先生第十为止，各人先后收取三百元，本次合作结束。

每次轮到取款的人应取得 300 元，则每人每期应付款是三十元，但是这合同上却列出了每人各期应交款额，越是先拿钱的，应交较多的钱，最后拿钱的相应交款额也较少（合计仍为三百元），这应当就是考虑到利息问题在内了。这次首会的时间在民国二十年（那时钱宾四先生刚到北平，张一贯女士还住苏州。这会中各位，大概都是当时苏州人士吧），首次得款人取得三百元，整个会期分十次共要交付肆佰叁拾五元，利率是相当高的（我这样想）。

据老苏州人中老年人说，这鸽会，用苏州话说，读音像"鸽会"，意思当然仍是合作的会社的意思（和鸽子无关），如果写成书面语言，应当是合会吧。

的确，杨联陞先生一本《国史探微：宏观视野下的微观考察》书中，有一篇《佛教寺院与国史上四种筹措金钱的制度》中，就有合会这一种，并说南宋时候，就有用这种方法筹措金钱的了。看来，旧时苏州民间的"鸽会"也就是杨先生书中说到的合会了。

生活和事业

读钱穆先生的《中国史学发微》，其中有一节讲到大事和小事，说：这大和小，是相对的。例如秦末楚汉相争是大事，则鸿门宴、垓下之围就是大事中之小事；而小事中还有小事，如鸿门宴里还有项庄舞剑等事，垓下之围里则有霸王别姬、乌江自刎等事。而如果扩大范围，我们看两汉兴亡、看西汉兴起等题目，则楚汉相争又显得是更大的事里的小事了。历史上还有许多小事化为大事，大事化为小事的例子。

历史如此，人生亦如此有大事小事，人们往往把恋爱结婚称作终身大事，但是这绝不能理解为一个人终其一生的唯一大事。相对于一生中的其他事，或许这大事也会退到小事的地位。所以匈牙利诗人乃有"生命诚可贵，爱情价更高。若为自由故，二者皆可抛"的诗句。他是把争取自由作为最大的事，则生命和爱情都反而退到小事的地位了。中国古代哲人所说的鱼与熊掌不可兼得，则是以熊掌为大而以鱼为小。不牵涉到根本利益、核心利益时可以认为重要的事，在核心利益、根本利益面前，就退居小事

· 213 ·

地位；二者不可兼得时，就舍鱼而取熊掌可也。

匈牙利诗人和中国古代哲人所说的事，或许不是每日每时放在人们面前的事（不是天天都需要抛头颅流洒热血的），就在和平时期，过日常生活，上班下班，家庭社会（或家庭学校），平平淡淡，但是也不一定风平浪静，常常也会风乍起吹皱一池春水，小事大事，纠缠不清，以至于取舍失当的。

生活和事业，当以何者为大，何者为小？书中又说"每一人生，总有两方面：一方面是我们的生活，一方面是我们的事业。事业外在，生活则内在。内在生活满足稳定，外在事业自可有进步。内在生活不满足不稳定，只在外面事业进步上来求我们内在生活之满足与稳定，此事必会有危险。因此该看重生活更过于事业。"

但是我理解，这里的看重生活更过于事业，不能理解为追求物质享受可以放在前面。因为作者举的例子是"诸位当看舜如何般生活，孔子如何般生活。这是内在德性方面的生活。此等生活，不能像我们今天般时时要进步；但此等生活，论其满足与稳定，却胜过了我们。"另外作者又说"诸位今天在学校求学，若是只为谋职业，把谋职业作为目的，一切知识技能都成为是手段；这种生活理想便都是向外，事业重过了生活。"

生活讲究满足与稳定，而这却不是向外求所能达到的。贪官的无止境贪求，就是一个例子——有了许多金钱、豪宅、香车、美女，但永远没有满足，没有稳定，只有疯狂的追求。无止境的贪婪，竟成为他们的事业了。这绝不是看重生活更过于事业，相反却正是只在外面事业进步上来求我们内在生活之满足与稳定，此事必然有危险。

看重生活更过于事业，用古人的话说，或许就是"古之学者为己"（而非"今之学者为人"）。做人比做事重要。遇事当想，是否合于我做人的道理。这是大事。这样才是看重生活更过于事业。

台湾齐邦媛先生有一本《巨流河》，讲的是 20 世纪的两代人的故事。其中有一个她本人从台湾大学辞职的故事，那是 1950 年，齐先生在台湾大学做助教多年，很受校方重视，可以以资深助教身份申请住房，她因为丈夫在铁路工作，住到台大不方便而没有申请。不久之后，齐先生丈夫罗裕昌先生主动要求离开台北，去接任台中的电务段段长，齐先生也随之丛台大辞职，到台中任教。当时铁路局的人都说，这个老罗真奇怪，在台北首席段长做得好好地，却自动要调往小段去！台大老教授齐先生所在系的老主任也对她说，没有人从台大辞职的。但是他们两人还是都去了台中，一直工作了多年。这故事或许正和上面讨论的生活和事业，何者是鱼何者是熊掌，何者当为大有关吧。

还有最近四川发生的一位大学生因外公逝世要求请假被拒绝，老师还说，如果一星期你家死四人请假四次的话，我这课你只好重修。此事引起各地媒体的讨论。有种意见认为，老师不准假没有问题，但是后面一句话错了。其实学校是规定学生当以学业为重，不可随便请假，但是外公逝世或者其他长辈病重等等情形，也不应是绝对不可以请假的。这或许也和上述生活和事业孰轻孰重有关吧。

关于读书的问答

有一次苏州凤凰书展上，有一位女作家周育华签售她的《君子儒钱穆先生评传》。在作家讲述之后，有读者提出问题，说这书后面附有钱穆先生著作目录，几十种书，我们读者怎样选读，作家有没有什么建议。女作家略为思考，说了一些书名，多是先生的名著，《国史大纲》《近三百年学术史》《朱子新学案》等等。承她好意，又转邀我是不是也说几句。

我其实是胸无成竹，只是觉得一般青年读者（不是专业研究的话）或者会觉得那些书太难，就说这《朱子新学案》我拿起想读过好几回，也没有能读下去。钱先生讲《论语》读法时说过，可以先读有兴趣的、读得懂的读，一时不懂得的留待以后读，等等的话；我们今天读这本评传有兴趣了，明天不妨读一读《八十忆双亲 师友杂忆》，再读一点先生的演讲集、散文集等等，或许比大部的专著容易入手。

这几天读《钱穆先生书信集》（香港中文大学新亚书院编辑出版，2014 年），有多处指导自己儿子和学生读书（读他的书）

的意见。摘录几条：

你想读我书，我讲历史第一部重要的乃对日抗战时在云南宜良所写的《国史大纲》。此书在大陆定可找到，盼你能细细诵读三四遍，必可有得。又，我在无锡第三师范任课时写有《论语要略》一书，收入商务印书馆万有文库中，此书在大陆亦定可找到。盼你能细细玩诵此两书，当值你终身受用。我今托香港新亚金院长寄上《中国历史精神》及《中国历代政治得失》两本。此两书在香港投考大学必先诵读，故先寄上。

一九八〇年六月十日，家书，致钱逊

你来信说及读我《中国历史精神》及《中国学术通义》两书，所述感想两端，均有见解，并甚扼要，惟盼你读我书，勿心急贪多，须仔细缓看，得一点是一点，遇有能欣赏体悟处，须反覆重读。一书看两遍尽不妨。寄来书太多，万勿欲速，匆匆看过，将全无益处。如《朱子新学案》等太涉专门，可勿轻率涉猎。

同上，一九八一年二月十五日，家书，致钱逊

钱逊先生当年大约四十多岁，清华大学副教授，教马列主义哲学的。一九八〇年前，在大陆差不多是读不到钱穆先生书的。《论语要略》一书，现在收入钱先生全集《四书释义》中。

总之，勿心慌，须以安闲沉著之心情读之，读一书自可得一

书之益，积三五年工夫，便可确立基础矣。拙著《近三百年学术史》，盼细看；又《学籥》诸篇，虽篇幅不多，亦须精读，为学门径与读书方法，穆之所知，已尽此两书中。以弟明快之姿，上了道路，即可深造自得，不烦常有人指示也。

一九六〇年五六月间，致余英时

研究所开学的第一天第一课，钱师问我读过哪些学术性的中国书。我把我读过学术性的中国书列单报告他。他看了说，先细读我著的《国史大纲》吧。……第三天上第二课，钱师问我："《国史大纲》读了多少？"我说读了一百多页。钱师的面色已不大好，他又问我"有些什么意见"。我随便说了几点小意见。他说："你完全未领会《国史大纲》的作意。你为什么两天只看了百余页？"我说："因为最近很忙。"钱师发怒说："现代的学生，躲懒读书，常用最近'很忙'为藉口，朱子说做学问要有'救火'、'追亡'般迫切的心情，排百事而为之，然后才有可成。哪里能够闲闲散散地读书。……哪里能因些俗务而荒疏学业。"

我被申斥得汗流浃背……

（孙国栋《师门杂忆》，转引自《钱穆先生书信集》）

余先生、孙先生都是新亚研究所时期钱先生指导的研究生，1960 年余先生当在美国继续深造。孙先生回忆的则是初到新亚研究所跟钱先生研读时的事。

钱逊先生、余英时先生、孙国栋先生，情形各有不同。和我们一般读者相比，同样会有很大的不同。但是选读什么书，怎

样读书等等意见，当年对他们有帮助，今天对我们也会有帮助
的吧。

还有一条，专门说怎样选读的：

至问此下读何书，此须看你自己兴趣与你的程度。只我所著
各书，先读你喜欢的、感兴趣的，读通一书自能再读他书；古书
也如此，并无一定次序。但重要的必该读，不重要的可不读。在
我著书中已举出了数十种，不望你全读，但望你能挑此数十种先
读，且勿滥读他书。（致钱逊，1982 年 7 月 28 日）

这条或正可答复那次会上读者的提问，所以补抄在此。

以上问答，原来是专问专答（即对具体问题而作的具体回
答），现在抄录于此，希望对于没有这样提出问题的读书人也会
有参考的作用。

知其不可而为之和毋意毋必

1949年钱穆先生在香港创办新亚书院，到1951、1952年时，曾有拟在台中设一分校之意，钱先生也为此在台北、台中联系接洽，终未成功。此事在《师友杂忆》书中略有述及，但是很简单，不多，篇幅不及一页。

当时台湾只有台湾大学一所大学，相关部门都没有新添大学的打算，还有校舍等等诸多问题，都不好解决。《师友杂忆》书中只说"余既未得政府明白应允，而滞留已数月，拟即归。"这几个月滞留，其实当是繁忙的多方奔走吧。除了《师友杂忆》，钱先生在给朋友的书信中，也谈及过，并且用《论语》里的话来评论当时的做法得失。其一处具引于下：

雪屏已将一周更无消息，弟拟明、后日催其一确实答复。朱怀冰今晨到"总统府"，彼适外出未见，若彼介辞修见面，弟将最后一谈，如无望，即早办归计。此事弟本甚踌躇，弟之不能奔走请谒，兄知之甚深，此等事大违个性，所谓知其不可而为之，亦并不指此等行为而言。

今日学术颓丧，风气衰落。我辈能埋头自力，意想转移，此即知其不可而为之。如天天在接洽权要上打算，恐孔子复生，当必加以呵斥，决不首肯此等行迹也。孔子未尝不见鲁哀公，未尝不见季孙氏，然见行可始仕。未尝先求见鲁公见季孙，要求有所作为。真要为学术界尽力，亦尽有可尽力处。弟此数月，浪掷精力，究为何来，思之诚可笑也。若一周内此事尚无着落，弟断不愿再留，亦不再来台中，此后亦不想多来台。兄能否于数日内来台北一晤面，此事成否，且以一周为期。成，兄固当来，不成，即图数日聚，把此事一细谈，作一结束，兄返台中，亦可有一交代，如何？乞斟酌。

这段说，孔夫子有"知其不可而为之"的遗意，但是我们做这事到现在没有成功，我想放弃，想来不算违背了夫子所说的"知其不可而为之"。

然后过了一个多星期，钱先生又有一信谈及此事说，如果再这样纠缠下去，恐怕就不符合《论语》所说"毋意毋必"的古训了（大意如此）。于是就决然离台返港（实际未果行，滞留台湾应邀做了几次讲演，又因讲堂屋顶坠落，受伤养息数月，才回香港新亚）。

《论语》中这一章是"子绝四，毋意，毋必，毋固，毋我。"（子罕）钱先生在《论语新解》书中，讲这个"毋必"的几句，也抄在这里"此必字有两解。一、固必义。如'言必信，行必果'。事之已往，必望其常此而不改。一、期必义。事之未来，必望其如此而无误。两说均通。如'用之则行，舍之则藏'，即毋必。"

《论语》中"知其不可而为之"和"毋意毋必"两段，或许有人认为不统一，一个让你坚持，一个让你放弃。其实要具体分析。钱先生他们遇到的这件事及其处理，或许有很大的认识意义吧。

读《师友杂忆》一得

——关庙和孔林

有位青年朋友，她看见一副关帝庙的联语"赤面秉赤心，骑赤兔追风，驰驱时无忘赤帝；青灯观青史，仗青龙偃月，隐微处不愧青天"感到喜欢，写了一篇博客。除了抄上这联，加以分析赞赏之外，又收集了不少古今关庙名联，并说"我不得不承认，乾坤朗朗需要正气，需要这个不死的神"。但是，在这长篇博客里还有一段历数关帝从汉末到清末所受历代帝皇的追封，由侯而公，而王，而帝，而圣，并且说，历代统治者为了巩固他的统治，乃这样封之又封，越封越高，以利其统治云云。

这个博客，已经有了几个回复，我又补充了一个。我说，喜欢博主引述和鉴赏的对联，喜欢博主的结论"乾坤朗朗需要正气，需要这个不死的神"。但是不很同意博主所说历代统治者为了巩固他的统治这一段文字。虽然这种观点至少流行了几十年。其实安知不也是"统治者"为了巩固他的统治而制造出来的学说，使人们觉得，唐宗宋祖，帝皇将相，古人死人都不可信，只有现在的统治者才可信？而且这段话和全文（全博）的情绪观点其实并不和谐，建议删去（大意如此）。博主很虚心，接受我的观点，虽然没有把这段删去，但是做了改动，增加了一句"感谢统治者们让正气一步步登天，永存天地间"，这样和原来的"乾坤需正气，需要这个不死之神"协调起来。

今天读钱宾四先生《师友杂忆》，他带领诸生游曲阜孔林，有这样一段：

孔林碑碣林立，然皆在金元以后，北宋以上则甚少。余告诸生："当时中国人受异族统治，乃不得不尊孔，使外族人亦知中国有此人物，庶对中国人不敢轻视。今君辈争言孔子乃自来专制皇帝所尊，以便利其专制。试读此间碑碣，亦岂当时许多中国人惟恐外族人不易专制，故亦教之尊孔否？"诸生默然无言……

《师友杂忆》这书读过不止一遍了，但是往往多看记事少留意这些评论。以致在上述关于关帝的讨论中，没有联想到这一段对诸生的关于孔子的评说。真是买椟还珠，读书只看表面没有深入的体会了。幸而今天偶尔再读，找回这一遗珠。还得继续再读，以期找回更多的遗珠了。

素书楼的红枫和《楼廊闲话》

钱穆先生写过这样一副对联（今存先生全集《素书楼余渖》中）：

幼生金匮让皇山啸傲泾 让与傲习成性
老住台湾士林区外双溪 士而双享余年

这上联是说童年少年故乡故居的生活，下联是晚年由香港回台湾以后在素书楼的事。联语只有三十多个字，其实内涵极为丰富。上联的具体细节，在先生另一著作《八十忆双亲 师友杂忆》中可以读到许多；但是这素书楼上享余年的事，在《师友杂忆》中却着墨无多，只写了著何书、访何地几个大纲，篇幅也不多。

钱夫人有一本书《楼廊闲话》其中倒有一些素书楼生活的细节透露，其一节写着：

我自己曾有一个小故事。我家园中进门有一斜坡路。路的两旁种了数十棵枫树，大家都说台湾气候不寒，所以秋天枫叶不红。有一年，寒流早临，又迟迟未去。枫树上的叶子尚未落，尤其在走完了台阶到平地的路旁那一棵，树叶特别丰盛，一时都变红了，颜色鲜艳令人陶醉。而这棵树的枝干本就姿态最美，真可入画。我初见真觉满心欢喜，离开了大陆二十多年，这是我第二次再见红叶，更何况它长在我们自己园中，那份欢欣岂是这支笔所能道尽的。这棵枫树正斜对楼廊。我想为这难见的红枫庆祝一番，那时我们的楼廊尚未加窗，寒流未过，满园萧索，一派深秋景色。我特地冲了两杯滚烫的咖啡，与宾四两人加上厚棉衣对坐廊上，遥赏那一树枫叶。我们回忆大陆的秋景，回忆多年前在美国耶鲁大学附近小山去赏枫的往事，一个下午就在回忆中不知不觉的溜过了。第二天第三天，我一直恋恋不舍坐在廊下，遥对那棵枫树，看着它的叶子一片又一片，随风而落，满心觉得可惜。深觉对此美景，除我夫妇外，定想要再找一分享的人。我在心里盘算邀请谁不会被拒。我想到一位朋友，认为她定有同好，兴冲冲打一电话给她，请她来喝咖啡，共赏枫叶。不料却被她在电话中一口回拒来。她笑我雅兴不浅。也许她认为赏枫是年轻人的诗情画意，我们已老得远超乎了那个阶段。也许她认为人生应求现代化，现代生活中足以为人消遣寄情的方式太多了，岂能再眷恋那种旧方式。我当时握着话筒，再也述说不出我内心的欣喜。挂上话筒回到廊上，眼前红叶也觉顿时减色。我不禁想起李白"举杯望明月，对影成三人"的诗来。我对宾四说，时代变了，想把快乐与人共享已大不易，更何况要人来分担你的烦忧呢。

这段记载，描述了素书楼里三天里发生的事。一二三天，可以说是满心欣喜喜不自胜，以致想到要和人分享了。可是没有想到，邀请竟然被婉拒。"眼前红叶也觉顿时减色。"素书楼里，可以读书，可以写作，可以讲学，可以打棋谱，可以养鸟养狗，可以赏花赏红叶，难得一见的红枫，自然会带来快乐。可是当要与人分享时，却发现大不易。鲁迅先生有诗句"躲进小楼成一统，管他冬夏与春秋"，但是他自己也是做不到这样的，钱先生夫妇"让与傲习成性"，自然也不会用躲进小楼成一统来双享余年的了。这个三天里发生的曲折，就这样成为他们楼廊闲话的内容，所以这段经历这个故事就成了《楼廊闲话》中《寂寞的人生》一篇中的一例。

这篇《寂寞的人生》，文章由台湾一些老人说，现在找个可以谈话的对象已大不易说起，最后一段引用了"不如意事常八九，可与人言唯二三"和黄梨洲评侯方域，谓其不耐寂寞作结，说我们今天的不如意更甚过了那时。举世皇皇，竟又无可相语，可谓一切灾祸皆起于人心之不耐寂寞，特苦不自知耳（中间所举素书楼红枫之事只是一个例）吧。为什么会找个可以谈话的对象大不易？自然也是和这本书中其他闲话所讨论的传统和现代化，新的一切好、旧的一切不好的观念有关。在这本闲话里，以寂寞为题的还有一篇《人生的寂寞》，结语说"今天整个世界无论哪一国家社会都在变动中，都是受工商业发展都市繁荣的影响。如何能使社会繁荣，而又不损害人生的温暖，岂不是今天极值得我们慎重思考的大问题吗？今天的女性都要求参加社会活动，如何能使家庭妇女进入了社会，而仍然保守住家庭间的温暖，这又是一个值得我们慎重思考的大问题。这两个问题，并非只是值得我们今天重视它，也将是我们今天以后，全世界、全人类为了追求人生幸福，所应深切考虑研究的大问题。"后来因为发生了那三天看枫叶的事，又写了《寂寞的人生》这篇。到全书完成出版又过了二十多年，这书在台湾再版，二〇〇四年再版后，增有素书楼文教基金会辛意云等三位先生所写"恭印后记"，文中说"所记虽夫妻日常家居之言，实多育人易俗的大业"，"虽为二十五年前旧作，而于两岸教育现象社会文化百态，仍具深远的提醒作用"。再过好几年，这书 2011 年终于在北京出版。台湾再版本后记中的那几句话，现在应当还是适用的吧。

2018 年秋天到了。再过一些天，枫叶又要红了。《师友杂忆》和《楼廊闲话》的作者都不在了，但是他们的书还在，还是值得我们去读，去考虑，去研究，……"虽为二十五年前旧作，而于两岸教育现象社会文化百态，仍具深远的提醒作用。"那书的后记中说的二十五年，又增添了十几年，作用还是不会因而削弱吧。

二书都有大陆版本，可以买到，一般图书馆大概也借得到。

五伦中的朋友

——读《师友杂忆》之一例

抗战胜利后一段时间，钱穆先生在云南昆明五华书院执教。某日无课，他去附近省立图书馆看书。忽有一位不认识的人前来招呼，来人约有六十岁上下，自我介绍姓名和生平简历，说是久仰先生学问文章，今日特来邀请，请到寒舍便饭，等等。

这位先生就是张维瀚（莼沤）先生（张先生本人时任政府的云贵监察使）。钱先生那天应邀到他家，二人从此开始几十年的友情，从云南到香港，后来又到台湾，从四十多岁（钱先生）到八十多岁。钱先生写《悼亡友张莼沤先生》时是八十五岁了（张先生享寿九十有四）。回忆当初，钱先生说"观其庭院之整洁，花树之幽蒨，屋中陈设之雅净，听其言，娓娓不倦，餐前餐后，历数小时，无一语涉尘俗趣。"从此订交以后，钱先生回了江南，再过几年，1949 年，钱先生初到香港，白手起家，创办新亚书院时候，那天（1950）街头偶遇，钱先生才知老友也在九龙，而张先生，则说已经听说你在办学了，说"恨无力相助"，并说等学校开学，我来担任一班国文课，不受薪水，"聊表心意"吧。钱先生感其意诚，不好推辞，就接受了。而且说到就行动"同赴街市，访购课程用书"。后来新亚书院开学，张先生就来教课，每周六七小时，"视学生如家人子弟，学生亦皆敬服"。而且张先生的女儿亦来新亚入学。这件事，对钱先生，对新亚的帮助，还不只是教课不取报酬。钱先生文中说，当时大陆到香港的有学问的人很多。张先生之后，又有多人来新亚任教。"港政府熟知其人皆中土闻人，政界先辈。故新亚虽极简陋，而港政府不加忽视。其端则自莼沤启之也。"当年钱先生香港办学，已是五十多近六十岁。而张先生，更比他年长近十岁，到新亚任课，可说是一位老年志愿者了。

义务教了一年多后，张先生离港举家到台湾，还荐贤自代，请了一位曾履川先生来新亚。钱先生评曰，"履川闽籍，服务银行界，乃十足道地一文人。莼沤交游所近，亦征其性情流露之一斑矣。"

张先生到了台湾，钱先生还在香港。每到台湾仍是时相过从。十多年后钱先生返台，自然仍是时相过从，后来张先生任职"监察院"，公务繁忙，钱先生不大去他家，张先生特到花圃中买了大盆海棠花亲自送到素书楼（此花也有故事，张先生到台湾居家，园中海棠每得钱先生欣赏），最后一次二人见面，仍是张先生到素书楼探望，然后钱先生到张府回访，此时两位老先生一九十四，一八十五，张先生时患重听，钱先生每有语，都靠张先生女儿鼎钟在旁大声传达。而张先生还是十分健谈，"其精神意态殆如八十左右人"。此后张先生还由女儿陪同，出国游览。
没有料到当年秋后，钱先生正去香港，忽传张先生在医院病逝。
没有能亲吊其丧。在悼文中，钱先生写道，"窃意莼沤诚一性情
中人，而丁此国难，疲精劳神，或非性近。较之钱南园、栗成之
辈，则不能无生不逢辰之慨矣。此尤大可惋惜之一事也。然此岂
莼沤一人之所值而已哉。"（这里提到的栗成之、钱南园，都是莼
沤先生云南的同乡，栗成之是滇戏的著名老生，钱南园曾从栗学
唱。钱先生曾在张先生家同听钱南园唱的滇戏）。张先生最后在
台湾任"监察院"副院长，到退休，而所好在作诗，又擅书法，
好观剧，交游也多文人，所以钱先生会说"或非性近"，"生不逢
辰"等等吧。

　　两位先生的交往很有传奇性，一位高官自己到图书馆中，找
到久仰其名的学者，先做自我介绍，再诚心邀请到家共进午餐。
以后几十年的故事，都在钱先生文中重现。现在读到钱先生的文
字，真是很有历史感。有点近乎读《论语》中孔夫子和几个学生
各言自己志向的故事差不多的历史感。

　　张先生女儿鼎钟女士，钱先生文中只说到曾在新亚求学，成
年以后事，文中很少谈及，只说到张先生晚年有两个女儿"更迭
伴侍"，还有上述大声传达等。从其他资料得知，鼎钟女士在留
学美国学成归来后，在台湾多所大学任教过，担任过香港中文大
学图书馆副馆长、台湾师范大学图书馆馆长等职，是一位知名的
学者。母亲和父亲先后逝世后，她和其妹张鼎钰女士共同编辑出
版了图片文集《张莼沤先生纪念集》（钱先生上述文字，就是为
此书所写）和《张夫人孝余女士纪念集》，她和妹妹的孝行为台

湾人士所称道。真是书香门第，不是某些不争气的"官二代"所能企及于万一的呀。

钱先生写的《悼亡友张莼沤先生》，是作为《师友杂忆》的附录被我读到的，港台早期出版的版本是没有这个附录（十多篇文字）的。大陆引进的版本，也是有的有，有的没有的，九州出版的《师友杂忆》有此附录。

读书难和读书乐

——读钱宾四先生论学书简

王国维读书为学三境界是："昨夜西风凋碧树，独上高楼，望尽天涯路。"此第一境也。"衣带渐宽终不悔，为伊消得人憔悴。"此第二境也。"众里寻他千百度，蓦然回首，那人却在灯火阑珊处。"此第三境也。这三境界，也被称为人生三境界。描述这三境界的三句话，本来在前人原作词中，各有原意，王先生用来描述做学问要经历的三境界，从此被许多学人认同、引用，广为流传。学人经历过前面二境，并且的确已经到达第三境的，他有亲身体会。而自己尚在第一境或第二境的学习者，尚少得此这第三境界的喜悦狂欢，则只能从长辈前贤的经历体会中来领会这三境界的精辟了。

钱穆先生《朱子新学案》一书，写了多年，终于完成。现在我们可以读到的是已经出版、重印多年的成书。当年作者怎样望尽天涯路，怎样消得人憔悴，最后怎样蓦然回首，是很难想象的了。1966 年，钱先生在吉隆坡马来亚大学（返港前夕），有一通给杨联陞先生的书信，报告了一点"蓦然回首，那人却在灯火阑珊处"的喜悦心情，回到香港后，又续写一通继续报道。二信现收《钱穆先生全集》之《素书楼余渖》中。几十年后，后人读之，恐怕也会受到感染的。

第一书（摘录）：

内人为整理行装连日忙碌，穆则清闲如常，偶读《朱文公文集》前十卷，去年曾通读一过，并摘抄诗录一卷，不谓此次忽得新悟。盖其前一卷朱子所手编之《牧斋净稿》正好为考论朱子早年思想学术之最佳材料。第二卷便见转变，朱子毕生学问已转向与奠其深基之得益于李延平者，在此两卷诗中可以窥见其无上绝好之消息。而惜乎就穆所睹记，似乎前人颇少提出，至少在穆则为七十年来始知及此，心中十分愉快，午后在极热中摘写此两卷中重要诗篇，凡得四十八首，而兴有未尽，惜乎空堂寂寂，无人可语。走笔相告，得勿笑其狂愚否。第三卷以下，显然是朱子受了张南轩影响以后之消息存焉。至第四卷以下，此等痕迹转不甚显然。向来读朱子诗多注意其中晚年诸作，而稍忽其早年诸篇。穆来此八阅月，此为其最后所得。想得此缄，当为一莞尔。

钱先生知道收信人会"为一莞尔"说不定还会"笑其狂愚"，但是实在是"心中十分愉快"不能不"走笔相告"呀。有句成语"喜不自胜"就是说的这个吧。一般人如我辈，或许不会做这样喜形于色的事，或也正因为是没有这种经过王国维先生所说第一第二境界达到第三境界的经历吧。

第一书写于二月十四日，马来亚大学，二月二十二日，钱先生回到香港，三月三日在自己家中写第二书。以下摘录此书之片段：

有关朱子诗首二卷之问题，穆临离吉隆坡前所发一书，自谓有所发现，其大体亦正如来缄所云。穆意前卷多出尘之想，而后卷一反之，此乃朱子此后所谓儒释疆界之所在也。如前卷《月夜述怀》诗谓"抗志绝尘氛，何不栖空山"，而后卷《教思堂作示诸同志》乃云："尘累日以消，何必栖空山"也。其《困学》两首，明咏前后之转变，曰："旧喜安心苦觅心，捐书绝学费追寻。困衡此日安无地，始觉从前枉寸阴。"此后朱子与象山异同，亦已于此诗中透消息矣。其曰："等闲识得春风面，万紫千红总是春。"又曰："向来枉费推移力，此日中流自在行。"皆是再见李延平后之境界。……穆前年细看《朱子文集》一百卷，竟未能窥见及此，直待月前在吉隆坡，正待向马大图书馆还书之前，始获觊见此意，始益信读书之难，与沉潜反复之功之不可忽也。……

此信和前信相隔近二十天，而且从吉隆坡回到了香港，但是内容上完全是连续的，情绪上也是一致的。不过前信是十分愉快，兴有未尽，走笔相告，后信是娓娓道来，一一举例，而且结以"始益信读书之难，与沉潜反复之功之不可忽也"（前信是说的"那人却在灯火阑珊处"时的景色，后信则说到前面的"为伊消得人憔悴"的不可忽）了。当年这两信，和钱先生给杨先生其他信（《全集》共收四十通），都只是朋友之间交流心得和心情，可是流传至今，我们从《钱穆先生全集》中读到钱先生这些信却可能各人会有各人的心得和感受。不过钱先生的"始益信……"的结论，我们当然相信是可靠的，但是后学如我们，相信此结论，也只是"纸上得来终觉浅"，这读书之难和读书之乐，要得到真正的自己的体会，也真是必须经过王国维先生说的三个境界，才能有希望吧。

给小孩读书

现在的小孩，很聪明，还没有上幼儿园，都会玩手机，玩平板。甚至有比老人还玩得溜的。虽然没上幼儿园，不认字，但是从小让他养成阅读习惯，也是必要的：而且早一点的好，不要输在起跑线么。

小孩不认字，老人可以买有图有字的书陪他读。让他看书，老人讲给他听。这有两个办法：一是讲故事法，老人自己看了书上图和字，自己编成故事讲给他听。一是让他看图，老人就读书上字，不讲故事。我家外孙小时候，我们俩老人，两种方法都用过，外孙他也都能接受，都喜欢。

外婆，她是用读书法的。有一天，读到书上一个句子中有"寂寞"一词，外孙问："寂寞是什么意思？"外婆一时想不出怎么讲，就没有回答，继续读下去。外孙他也没有抗议，就这样听下去。忽然，他说："我知道了，寂寞，就是没有朋友，一个人，东走走西走走。"当时两个老人都笑了，亏他想得出，真不错。寂寞就是没有朋友，一个人，东走走西走走。这符合这本书的故事，搬到其他场合，也大致可以这样解释吧。

钱穆先生在一通论学书信中说到"沉潜反复之功"，说读书不可忽视这个。外孙他会领悟出这个"寂寞"的意思，也是靠的这个沉潜反复，外婆一次一次一本一本地给他读呀。

从小让小孩有读书习惯，这是很重要的一件事，很有意义的一件事。外孙现在大了，他还是喜欢读书的。

劲草

　　台北素书楼文教基金会和大陆有关方面合办的中学生暑假国学夏令营，2015 年在江苏徐州举办。微信传来一张照片，五条青春的手臂伸出在一起，手臂上都有"劲草"二字，照片题词"我们都是劲草"。原来这是台北素书楼钱穆先生故居纪念馆今年一宗新的创意产品，三色文身贴纸。其"劲草"二字，用的是钱先生当年手书真迹复制的。

　　"劲草不为风偃去，孤桐何意凤飞来"，两句出自范文正公的一首赠友诗，这劲草和孤桐两个形象，大概是文正公夫子自道，并且和友人共勉的吧。一千多年以后，又引起钱穆先生的共鸣，而多次予以书写（现存两个不同版本：一个写"不为风偃去"，一个作"不随风偃去"）。钱先生去世二十多年，这墨宝的复制件就屡次出现在报刊上、书影中，而更广泛地在人间流传。

　　素书楼故居纪念馆制作过多款以这文正公诗句、钱先生手书为主题的纪念品。有印有"劲草不为风偃去"的 T 恤，手提袋，圆珠笔，手机套，今年又有这种文身贴纸。国学和时尚，就这样结合在一起，青年们喜欢，有的 T 恤衫从中学一直穿到大学，还受到大学同学的羡慕。

四十多年前，我女儿上小学，有一同学名叫凌劲松。那时候在苏北农村，这位同学家长是医生，学生成绩又好，就这名字又不同凡响，真有鹤立鸡群之概。劲草和劲松，劲字同而松和草又好像大不同。"我们都是劲草"这句话，和"我要做劲松"相比，又似都是豪言壮语，而前者更有底气一些。

范文正公是宋代名儒，也是苏州名人馆中的名人。他的名言我们较熟悉的是"先天下之忧而忧，后天下之乐而乐"，这个劲草孤桐诗句像是比较生分了。忽然想，我们名人馆或者天平山名胜，都可以也来开发一些有意义的旅游纪念品，都说宣传正能量，这流传千年的国学，其实才是真正的能量啊。

以道德定人的高下

若专以道德来分别人高下，便造成社会上种种过高非常不近人情的行为，而其弊且导人入于虚伪。（宋苏轼谓："上以孝取人，则勇者割股，怯者庐墓；上以廉取人，则弊车羸马，恶衣菲食。"是也。）

以上是钱穆先生《国史大纲》讲到汉朝士人的道德观念和德行时所作的评论（括号中内容原书上是双行小字的注释语）。以道德来分别人的高下，在汉朝就有，在宋代也有。到现代又是一千年过去，大概仍是会有吧。

一个例子是幼儿园的老师，会准备一些小小红星（纸质），每天用来贴在表现好的幼儿的额头，以作表扬，以作鼓励。有贴到红星，就是"高"，没有，则就是"下"。表现好不好，或者就是以道德来分别吧。这样做，或许不一定会导人入于虚伪，但是造成幼儿在幼儿园和在家（包括离开幼儿园还没有到家的时候）的表现不一甚至大不同的危险却是实际存在的。

又一例子见报载，某省计划培养一批人民教育家，选定了一些对象，计划用几年时间，把他们培养成众望所归的人民教育家。一个省辖市，选出了十名培养对象，市报上报道了这几位老师的"入选条件"，其中就有一条说（某老师）"晚上经常备课、批改作业到深夜，每周还要值两次夜班，无暇顾及家庭"。这个条件和他人的"小学某学科中高级教师职称""教学成绩优异""一大批学生考取国内外著名高校"等等并列，虽然还不是"专以道德来分别人的高下"，不过也很足以和苏东坡所说的"上以孝取人""上以廉取人"比美，有造成下面教师"无暇顾及家庭"以取美名的危险了。

古人说以史为鉴可以知兴替，这是针对皇帝和大臣说的。但是一般人学习历史，应当也可以以古喻今，知道一些事情应当怎样去做怎样去理解的道理吧。

鸡蛋和母鸡

——诗和诗人

鸡蛋和母鸡，这个"笑话"是钱钟书先生首创出来的。他说你吃到一个鸡蛋好，何必去探究是哪只母鸡生的这个蛋呢。意思是说，你喜欢读《围城》就喜欢吧，没有必要来找这书的作者。另外，钱宾四先生讲《中国史学名著》时说的却和这个不一样。他说，你研究《史记》，不能不知道司马迁；研究《汉书》，也必须研究班固。只有西方的有些小说，可以不管是谁做的。（以上两点，前几年我曾写过两篇短文，先后发在《澳门日报·新园地》）

近读《双溪独语》，这是钱先生晚年在台北素书楼给博士班学员讲课的讲稿，其中讲道：两汉时候，儒生多偏重礼教一面，"晚汉世运剧变，庄老思想再兴"，"礼教转衰，诗教转盛"。诗里多含道家之情味与观念，"诗的人生转踞礼的人生之上"。这时候最主要的一点，即"在诗之背后，应知有作者其人。而在人之背后，则应知其有品级等第之分"。所以诗品就是本于人品。人品高下，就是诗品高下。

以上钱先生明言，诗品本于人品，人品高下就是诗品高下。这个问题不能以吃鸡蛋可以不问母鸡例之。这应当不是同类问题。接下去，钱先生说读诗者，必应知诗之比兴。懂得了诗中的比兴，则诗与作者其人即两得之。又以老杜诗"清新庾开府，骏逸鲍参军"二句释之："其人既清新骏逸，斯其诗亦然。非其诗清新骏逸，乃能使其人亦清新骏逸。"又说，"故欲作诗，先作人。而欲了解此一时代之文化与人生，则必当了解到此一时代之文学，其主要则在诗"。

往下续讲，就又讲到这诗和诗人的问题，讲到刘劭《人物志》等等。钱先生说："首先提出中国人传统中之人品观者，为班固《古今人表》；继此加以专书阐述者，则为三国刘劭之《人物志》。"而班固的《表》，全是依照儒家思想，到刘劭人物志，则渗进了许多道家观念。这时候文学中的诗开始向盛，其中表达的人生意向可说是儒道参半。儒家人生，"忠孝节义，多是阳刚的鞭策人向前"；而诗的人生，"比较多阴柔的安慰人退后"。这道义的人生和文学的人生，同样显露了中国传统人生之一面。

诗和诗人，其中关系，大有超过鸡蛋和母鸡的关系者在。

另一场合，钱先生编集《理学六家诗钞》一书时，对之也有述及。附抄几句于此，结束此文。

钱穆先生编写的《理学六家诗钞》，选了六位理学家诗人的诗各若干首，又为他们每人写了一个小传。而在《理学六家诗钞》自序中说：

　　理学者，所以学为人。为人之道，端在平常日用之间。而平常日用，则必以胸怀洒落、情意恬淡为能事。惟其如此，始可体道悟真，日臻精微。而要其极，亦必以日常人生之洒落恬淡为归宿。至于治平勋业，垂世著作，立功立言，斯则际会不同，才性有异，亦可谓是理学之余事，不当专凭以作一概之衡量。

　　斯钞一以显示作者之日常人生为主。所钞六家，固皆一代之魁杰，理学之宗师，外论其时代，内窥其性情，既已各别不同，其论学宗旨，亦复相殊互异。然观其平常日用间之胸怀意境，洒落恬淡，则大体相若。可证此乃理学家之共同向往与其共同躬修之所在。其所钞之第二标准，则为诸家之论学语。以此论诗，若所不宜，然亦见理学诗之一种特殊面貌，可备诗中之一格。

　　以上抄录《理学六家诗钞》自序中几句，是想，或许我们不一定想深究理学之详情，那么读一点理学家诗，了解一点他们的生活、胸怀、意境，像钱先生《自序》中另一处所说，"果能忘其为诗，一吟一咏，直向自己性情日用中反身默会，则诚如程伊川言：'未读《论语》前是此一人，读《论语》后将会另是一人，此始为善读《论语》。'"钱先生是希望我们读一读理学家诗，看一看他们，反身默会到自己，最后必有所收获，有所成长呀。钱先生《自序》中讲到陆桴亭，又说"六家中惟桴亭遭遇特酷，生值易世，坚贞不仕。生事穷窘，茹苦更深。故其诗多幽忧沉痛之辞。……斯编亦摘录特多，以见明遗民在当时生活之一斑。"

　　由此可见，鸡蛋和母鸡这个比喻，在此是完全不适用的。读诗这件事和了解诗人的生活、胸怀、意境，反身默会到自己，是不可以人为地分开的。

钱钟书先生的笑话和钱宾四先生的诗论完全是两回事，不可一例视之的。

孔夫子教仁、教恕、教乐、教不愠

"孔子以六艺设教，但所重更在教仁、教恕、教乐、教不愠。"钱穆先生《国史新论》中指出了孔夫子教育中的所重。这四个方面，似乎也应成为今天的教育所重。

教仁，教育重了教仁，社会上为富不仁现象将或减少，制假、诈骗等等恶行或将不但受到法律制裁，同时将更为社会舆论所不容。其正面发挥的作用更不可限量了。

教恕，教育重了教恕，或许不大会出现那么多的"奇葩证明"，如让你去提供逝世的父亲没有私生子的证明，否则继承父亲的遗产就有麻烦了。公务员或许会更能体会老百姓的感觉，更能重视己所不欲勿施于人的恕道，做什么事都把老百姓的利益、老百姓的方便放在前面了（看到过一个宣传社会主义价值观的公益广告，在"友好"这一幅里就引用了孔夫子"己所不欲，勿施于人"一条，看上去就和这里说的教恕很相通的）。

教乐，这不是教音乐，是教爱好（乐此不疲的乐）。孔夫子是教学生向颜渊学，饭疏食，在陋巷，不改其乐。宋儒也让人寻孔颜乐处。今天的教育也能这样重教乐，或可减少酒色之徒、逐利之徒、不学无术之徒的出现和泛滥。

教不愠，《论语》第一章就说，"人不知而不愠，不亦君子乎"。后面还有许多"不患人之不己知"等等。但是看来这教不愠比起上面的教仁、教恕和教乐，或许是高一级（或者说第二步）的教育。针对今天教育，或许首先要增加对教仁、教恕、教乐的重视，在此基础上第二步再教不愠吧。

天地君亲师之亲

——读《人生十论》

中国过去有对天地君亲师的崇敬和礼拜。用一个牌位上面写了天地君亲师，放在家里，按时要上香点烛的。也有把这神位放在家门口店门口，墙边门边的，但敬礼的程度是不稍减的。现在人见过这个的或者很少了。

钱穆先生《人生十论》一书中讲到过，是他在台北故宫博物院讲中国人生哲学时讲的，几十年前的事了。他说中国人生哲学这个题目，是院方让我讲的，我就用这个题目，讲中国古人所讲做人的道理，也不会引起人反对吧。

这个演讲一共四讲，其中第二讲讲了这天地君亲师。中国人讲仁、讲心、讲爱、讲敬，中国人要敬天、敬地、敬君、敬亲、敬师。演讲中一一都加论述了。其中讲亲的部分，有两小节讲到家庭。说到中国最大改变是就快没有家了，家庭都要西洋化（他所说的是当时台湾的情形，和现在、大陆，不完全相同。但也没有大不同吧）。钱先生举了一日本父亲和一些台湾父母的想法作比较。有一日本学者吉川幸次郎，一次对钱先生说，"我一生做错一件事，不应叫我儿子女儿到美国去留学。我今只老夫妇在家过活。而儿子女儿媳妇女婿都在美国。时时纪念他们，好不寂寞。"钱先生评论，"他可算还有一个中国人的情味"。又说台湾有一些朋友，"儿女都在外国，但他们说我们尽可过活，不必要子女在身旁。这就近似外国头脑了。我想中国情味与外国头脑，至少亦是各有得失。中国人讲父慈子孝，亦有一番人情味。哪能说这就是封建头脑呢？"（对天地君亲师的敬礼，是被有人批判为封建思想的）

以上一节讲家庭，下面一节讲孝。

中国社会特别看重家庭，一定要讲个孝道。父母是我们最可尊最可亲的。万一我的父母不可尊不可亲呢？像古时的大圣舜，父顽母嚚，但舜还是尊他们亲他们，终于完成了他的大孝。他的后母亦为他感化。所以中国人说，天下无不是的父母。修身只是修你自己，你不能去修你父母的。现在我们就是不修自己，要修父母。说你是封建头脑，封建观念，这家亦就成一分争的局面，不成一和合的局面。学生上学校，不能管学校的先生。你任一职业，不能管你的上司。最好管的是你家里的父母。丈夫最好管的是太太，太太最好管的是丈夫。中国人一向最看重的家庭，现在是快要破坏了。全世界的人生中，今天的中国人恐怕是会最感到苦痛了。

现在人也并非不要家庭，他们心中，不要的是封建家庭。要的是"两人世界"，"核心家庭"（二人和一两个子女，双方的父母有他们自己的家）。按钱先生说的，这是西化了，但是也化不了。中国人到国外几多年几多代，也难化得成外国人。于是就有苦痛的感觉。这讲孝的一节，我全文引录了。你去看相亲节目，现在已经不把不要和老人住一起作条件而认为是天经地义的了。政府的住房政策也不倾向于三代同堂。含饴弄孙现在多是不在一个家庭中。或者老人到小孩家，或者小孩送老人家。这也是社会发展，但是修父母，管父母是有违孝道的，这道理还是不应当改变的。

在这一讲最后，钱先生说，这是"中国人以前的人生观念。至于对不对，将来能不能再行，这要待此后的变了。倘使此后的中国人，仍然认为这些道理不可行，这当然就算了。我今天只劝诸位，古今时代不同，变了。生为今人，不必多骂古人。我的意思只如此，务请诸位原谅。"话已至此，可以说很语重心长了。

孔子晚年居鲁

——读《孔子传》

　　孔子晚年居鲁，当权的季康子多次问他国家的政事。《论语》"颜渊""为政"各章多有记录。钱宾四先生《孔子传》"孔子晚年居鲁"一章内有引述，还有评曰："孔子答季康子问政诸条，语若平直，而寓义深远。若不明斯义，不能修己，徒求治人，不知立德，徒求使民，人道不彰，将使政事惟在于争权位，逞术数，恣意气。覆辙相寻，而斯民自苦。惜乎季康子不足以语此，然既有所问，孔子不能默尔不答。凡孔子所答，则皆属人生第一义，其答楚叶公，其答鲁季康子，一则非诸夏，一则乃权臣，然果能如孔子语，亦可使一世同进于安乐康泰之境。此则圣人之道之所以为大也。"这讲的是春秋时鲁国的事，其道理恐怕到现在也一样。当时季康子问是问了，做是没有做到。结果自然还是"斯民自苦"，无补于事。

　　季康子的问题中有一个是"如杀无道以就有道，何如？"孔子的回答是"子为政，焉用杀？子欲善而民善矣。君子之德风，小人之德草，草上之风必偃。"（其他季康子问政各条，不具引）今之"君子"连一个公开自己的财产状况也做不到，却往往喜欢吸高价烟，喜欢佩戴名牌手表，喜欢在飞机上打人，还有喜欢更不堪的事。这些都被"小人"看在眼里，传播在微信微博。真是"不能修己，徒求治人，不知立德，徒求使民"，真是难免"覆辙相寻，而斯民自苦"了。钱先生说孔子"语若平直，而寓义深远"，即使二千年后的今天，或许也还是"可使一世同进于安乐康泰之境"的良言啊。

另一则孔子告樊迟"举直错诸枉，能使枉者直"（《颜渊》），钱先生评曰"旋乾转坤，实只在一举错之间"，"总之是'人能弘道，非道弘人'也"。那时候（孔子晚年居鲁时）"世卿持禄，多不称职，贤者隐处，不在上位"，所以孔子对鲁哀公说"举直错诸枉，则民服。举枉错诸直，则民不服"。（《为政》）可惜鲁哀公没能做到这"旋乾转坤，实只在一举错之间"的事，没能逃脱"覆辙相寻，而斯民自苦"的命定。孔夫子也只能把重点放在教育事业上，放在著述《春秋》上了。

今天当干部要"三严"，第一要严修身。严修身，要认真学习上级指示精神，其实也可以学一点孔子，学一点《论语》的吧。"不能修己，徒求治人，不知立德，徒求使民"，今天的干部不能走季康子他们的路啊。

温情和敬意

抗日战争年代，钱宾四先生在他的名著《国史大纲》卷首，提出了"阅读本书应具以下信念"，其中说到对本国历史应有一种温情和敬意。时在民国二十九年。这当是针对那些对中国历史抱偏激的虚无主义，"将我们当身种种罪恶与弱点，一切诿卸于古人"之思潮而提出的。为了抗日，要提高国民的爱国心，就必须先使国民对国家以往历史有深厚的认识，就必须有正确的历史观。严耕望先生在《钱穆传》中谈到这《国史大纲》："此刻抗战正艰，此书刊出，寓强烈之民族意识，又亲莅重庆等地作多次讲演，一以中华文化民族意识为中心论旨，激励民族感情，振奋军民士气，故群情向往，声誉益隆，遍及军事、政治、社会各阶层，非复仅黉宇讲坛一学人。国家多难，书生报国，此为典范，更非一般史家所能并论。"

在抗战以前，钱先生有没有在什么场合讲过这"温情与敬意"？至少我们在《中国历史研究法》中《历史与教育》一文（民国二十六年五月北京师范大学《历史教育季刊》）里，可以找到这样一段"任何一个国家的国民，对其本国史的智识，绝对需要而有用。尤其是所谓智识分子，在社会各界为中心领导的人物，对其本国历史，更不该茫无所知。"这段和《国史大纲》卷首四个信念中第一个正相似。接下去进一步就有"中国人研究中国史，尤其是中国国家教育其国民的'本国史'科目，其态度和意味，应该与外国人眼光中的中国史，以及外国学校里讲述到的中国史，绝对不同。此所谓不同者，并非抹杀历史事实，或伪造历史事实之谓。而是历史事实上之轻重、先后、大小、缓急之分，尤其是映照在事实上的一点感情之有无或向背之分。现在中国教育界对其本国史，正可谓无情感，甚至抱有一种相反的恶情感。其对本国史的态度，不幸而令人疑其像是一个外国人。这正是现中国人所极端崇拜的所谓'客观主义'而并不像是一个中国人在指导其本国青年所应具的本国史智识。"这段的意思，显然也被吸收到《国史大纲》的应具信念里了。

下面又一节就是温情与敬意的初始状态了："中国历史决非无文化，而中国文化决非无价值。此层有待于深细发挥，骤难详说。惟本国人对本国史，应有一种相当的'情感'与'敬意'，则实为必争之事理，且亦为共明之事理。我们固不愿对国史多所曲解或粉饰，然亦不愿对国史尽只有轻薄与诬蔑。一个国民对其国史，应先付以相当之亲情，如此可获恳切之了解；此为负有历史教育之责者所首当肯认之事理。换辞言之，即国史教育之责任，至少当使国民对其本国史具一种'温情'及'善意'之看法与理解。此实为具有教育的国民所应有之态度。"

还有"今人读史，好以我见蔑古，如坐堂上判堂下罪人之曲直，惟我意之所向。古人不复生，将奈我何。即据最近史事言，石达开、李秀成乃革命之先觉，曾国藩、胡林翼为异族之走狗。石达开的几首诗，李秀成的一篇供状，可以郑重而道；曾、胡的言论行事，可以懵无所知。以此等态度治史，自然傲视千古，更何所谓温情与善意耶？"这里二处用了"情感与敬意"和"温情及善意"，还有一处用"亲情"，到《国史大纲》里，就写成"温情与敬意"了。

温情当然比感情更明确更具体，敬意好像也比善意进了一步深了一层。但是，原来的"不愿对国史多所曲解或粉饰，亦不愿对国史尽只有轻薄与诬蔑"，应当是完全一样的。

《国史大纲》成书到现在，很多年过去了。《国史大纲》这书，也在香港、台湾、大陆不知又印了多少次多少部。对本国历史应有一种温情与敬意这一信念，显然还需要我们继续宣传使之成为人们的共识的。

钱穆先生书信中的书评

——关于《双溪独语》

　　《双溪独语》是钱先生晚年重要著作之一。他在给严耕望先生信里讲到这书，说："今年写一小书，取名《双溪独语》……此书费思多而着笔少，并多撮举古书前言往行。近来士不悦学，于古书多未经目，率陈己意，恐读吾书难入，然亦自娱而已，并稍立标格，欲使真向学者，知有一规模耳。"这信说的《双溪独语》，原序有称："凡余所讲，虽亦引经据典，述而不作，了无新义，然诸生骤闻之，或将疑其与平日所受课不同；即在报章杂志及其他学人新著作中，亦少及此等话；不啻若为余今日一人之独语。然苟留在心头，他日多涉古籍，当亦知非余一人之独语也。然欤！非欤！则待诸生自定之。"信中所说，正好可与此相互发明。序文中说得比较委婉，信中则直说了写作的用意、目的以及写作的难度。

　　同年另信又有说起："《双溪独语》常在手边，隔旬日，颇自校改一二处，然只在思想义理方面，增一字，改一句，颇自惬意。然此书付印，亦恐未必能多觅解人，学风颓败至此，自己生此时代，亦不能不分负其责。回想晚明诸遗老在清初情形，真如天半峨眉，可望不可即矣。"说明他很重视这本书，而同时又知道恐怕解人不多。人不知而不愠，但是寂寞的感觉是免不了的。这书现在大陆已有出版（繁体字的、简体字的都有），但是大陆读者于古书多未经目的情形不会比当年港台好多少，钱先生"恐读吾书难入"的担心，可能还是不能解除的。

《双溪独语》全书三十篇，八十四节，篇节只有标号，没有标题。兹录其篇十节三〇（部分），以见一斑。

人类有信心，始可沟通彼我，由此贯彻古今。深信彼心即我心，古人尚活在我心中，我亦仍可活在后代人心中，由是而人类大生命始得传递不朽，常能复活永生；此乃超出了人类肉体生命之上一种广大悠久之心灵生命。此亦是一种信仰，只反求诸心而可证。较之灵魂天堂之说，应是更易起信。春秋时代鲁国叔孙豹提出立德、立功、立言"三不朽"之说，为此后中国人一大信仰。此处当有一义先须申述，即三不朽并非尽人所能。天地生人，同类必相似，然不害其有等第之差。即就智力言，孔子已言有上智、有下愚，以示别于中人。固是中人占人类之大多数，然不害于此大多数外尚有少数之上智与下愚。而人类进步，其主要领导人，则为少数之上智，不在多数之中人。

叔孙豹所举德、功、言三不朽，立德如忠信、孝弟之类，应为人人所能，孟子尤依此发挥。立功贵于人之才能，亦有外面机缘，时不吾与，虽孔子亦有"道不行"之叹。至于立言，端赖智力，尤为少数人之事。叔孙豹三不朽次序，德为最先，言为最后，亦寓有深义。

篇十共两节，这是其第一节。下面一节较长，讲了扬雄、韩愈、司马光、屈原、宋玉、嵇康、陶潜、陈子昂、李白、杜甫、欧阳修、金圣叹等等人之言行，来说明：

待不断有此少数人立德、立功、立言之三不朽，乃可期望此人生全体之终达于大不朽。……此人生全体之大不朽，乃必本于人类之信心而建立也。

后辈读者如我们，托严先生之福，可从这书信中了解钱先生的作意，了解钱先生对本书、对本书读者的期望，所以把这没有书评形式的书简看作导读的书评，应当是可以的吧。

上面抄录的一节说，立德、立功、立言，立德是由乎己，求仁斯仁至矣，应当是人人可以为尧舜的。可惜的是好德的不如好色的多。立德，除了本身条件，还有外部机缘。如孔子时代，管仲帮助齐桓公，九合诸侯，外攘夷狄，孔子说，要不是他，我们或许披发左衽了。管仲是立功不朽了，但如果没有齐桓公赦免他，任用他，这功是立不起来的。如今人黄万里先生，他关于黄河三门峡水库的意见，没有被采纳，就不能立功。不过黄先生的德行，是立在人们心中，不朽了。黄先生的诗，也删不掉了。黄万里先生立德立言都不朽了，而且对"人生全体之大不朽"，有了贡献。用今人近事来解读叔孙通的三不朽，不知是否符合钱先生《双溪独语》的原义。然欤！非欤！

陆桴亭谈拨乱致治和防小人

拨乱反正，这个成语好像是在华国锋主政，结束"文革"那时开始大流行，而为大家知道的。近读历史，见有清朝人陆桴亭，他那时就说过拨乱致治，说"拨乱不难，致治难。三代以下，但有能拨乱者，未有能致治者"。这"致治"意思和"反正"也相近。就说结束"文革"，打倒"四人帮"，称为拨乱反正，其实也分拨乱和反正两部分。"四人帮"打倒，虽然也不容易，可是也可以说不难，所谓的一举成擒，很快就做到了。要反正，完全肃清其余毒，致治，却不是容易做的。陆桴亭说未有能致治者，我们这个华国锋时启动的拨乱反正，几十年了，应当还是像孙中山先生所说革命尚未成功，同志仍需努力吧。

陆桴亭，他比较厚古薄今，说：

三代以上，主于用君子；三代以后，主于防小人。小人惟有不用法，更无防法。①

虽然说不能厚古薄今，但是这用君子和防小人的区分，即使是今人也应注意的。加强纪检工作，按陆桴亭说法，就是防小人。"小人惟有不用法，更无防法"，他是一个小人，无论你怎么防，他还是要贪的，除非你不让他做官，他才不能贪。

陆桴亭还有一个观点：

> 孔孟以后，待小人太宽，待君子太严。议论繁苛甚于束湿，使君子坐失机会，不能展动分毫。亦主持世道者之过。
>
> 三代以上立法，常使人有为善之利。三代以后立法，常恐人有为恶之弊。收人才，去文法，是当今最要务。

其实不是厚古薄今，而是古为今用，温故知新，历史的经验值得注意。

反对历史虚无主义，就是应当学习历史，尊重历史。1949年以前，中国有几千年的历史，视为一团漆黑，这是历史虚无主义。钱穆先生当年说这个历史虚无主义，还不是说1949，说的是只知西洋好，认为中国历史只有专制，只有黑暗，必须全盘西化的历史观。

"三代以上，主于用君子；三代以后，主于防小人。小人惟有不用法，更无防法。""孔孟以后，待小人太宽，待君子太严。

---

① 陆桴亭的话，转引自《中国学术思想史论丛》（八）之《陆桴亭学述》，下同。

议论繁苛甚于束湿，使君子坐失机会不能展动分毫。亦主持世道者之过。"对陆桴亭这两条，钱先生评曰：若相反，实相成。法治议论，多偏陷于防禁一边。然防禁不了小人，而终于束缚了君子。

水到渠成看道力

孔夫子称赞颜渊说："用之则行，舍之则藏，惟我与尔有是夫！"（《论语·述而》）可以出仕的时候就尽力行道，不可以的时候，就先藏藏，只有我和你能做到这个吧。

钱穆先生写的《陆桴亭别传》（《理学六家诗钞》），特从桴亭先生一通书信中，摘录一段话：

> 士君子处末世，时可为，道可行，则委身致命；盖天下所系者大，吾身所系者小。若时不可为，道不可行，则洁身去国，隐居谈道，以淑后学，以惠来兹；盖天下所系者大，而万世之系者尤大也。

这段话说的其实也就是孔夫子所说"用之则行，舍之则藏"的意思，并且说明了"舍之则藏"的时候，要做的还是为了"以淑后学，以惠来兹"；这比"天下系之"的做官行道更重要。

钱先生在台北，住素书楼多年，讲学、著述，隐居谈道时，他在素书楼中挂了一副对联。"水到渠成看道力，崖枯木落见天心"，这对联两句，就是从陆桴亭诗中取来的。这对联，现在还挂在台北临溪路钱穆故居。也常被许多参观者引录在所写参观后记中（不过多数只写是钱先生手书，没有写出处。也有写成钱先生自撰联，就不大准确了）。

桴亭先生这首诗如下：

和圣传湛一亭二律

[明] 陆世仪

疏林落落竹森森，中有幽亭贮素琴。

凭槛小花供杂绮，隔溪高树散轻阴。

纵观万物皆生意，静对渊泉识道心。

一室自饶千古乐，不知人世有升沉。

湛一亭前竹树森，主人终日坐鸣琴。

清晨习静贪朝气，永夜焚膏惜寸阴。

水到渠成看道力，崖枯木落见天心。

此中旋转须教猛，不信神州竟陆沈。

这诗《和圣传湛一亭二律》所写就是他和同道在那里"洁身去国，隐居谈道，以淑后学，以惠来兹"的情形和心态。或者也就是钱先生在素书楼晚年生活的写照。大准确了，我看就可以说是写照。

钱先生把这首《和圣传湛一亭二律》收入《理学六家诗钞》时写了一个按语：

此二律成于崇祯十六年癸未，桴亭三十三岁。明年甲申，即神州陆沉之岁也。

这按语说明了二诗写作时间，就在明朝末年，流寇和东北边境多事之秋。而钱先生写下这句按语，据《理想六家诗钞》之选编出版时间推算，当在 1971 年到 1973 年之间。这时的中国，海峡两岸，其实也都不平安（一边是所谓的"文化大革命"，一边是"不被联合国承认"），素书楼里，用"隐居谈道，以淑后学"来描写钱先生平静的生活，不正很准确吗？就在此时，钱先生又写了"水到渠成看道力，崖枯木落见天心"的对联，不更说明他在《理学六家诗钞》自序中引录的宋人之语"味其诗而溯其志，诵其词而寻其学；言有教，篇有感"真是有感而发吗？

再看这两句诗，网上有人问是什么意思，其答曰："钱穆先生的一副对联。我觉得应该是坚持的意思吧。成功是在经历命运的打磨之后坚持下来。"还有一篇文章说："钱穆先生生前撰有一副对联'水到渠成看道力，崖枯木落见天心'，这副对联被长久地挂在他台北外双溪的故居内，被认为是对一个写作者笔耕不辍的最好总结。"忽略了此诗的原作者和全诗上下文，显然就不够全面，不够准确了。在桴亭先生原诗，不是写的"结果""总结"，那时候，明朝还在，桴亭先生只是三十多岁，这是一种信心，一种预言，一种很坚强的自信心，一种极富自信的预言。钱先生写这对联，猜想也是这样的意思。只是过了几十年几百年以后，人们看起来才像是总结的样子吧。

▲ 钱穆先生书法

两千年前，孔夫子说只有我和你颜渊能这样吧。千百年来其实是不断都有后来人的。今天即使是展望未来，应当也有"水到渠成看道力，崖枯木落见天心"的自信。

桴亭诗题为"和圣传湛一亭二律"，圣传应当是陆世仪桴亭的朋友。湛一亭，从诗中看，不像是游览风景时所见，而或是圣传先生（或桴亭先生）家中的幽亭。外面是疏疏的竹林，圣传先生（或桴亭先生）就在这里抚琴。早上晚上都在这里，静对山川，日复一日。"一室自饶千古乐，不知人世有升沉。""水到渠成看道力，崖枯木落见天心。"天和人如此的合一、和谐。"不信神州竟陆沉。"

陆桴亭这两首诗的写作时间，正是明朝崇祯末年，只过了一年，明朝亡，清兵入关，清朝推行留发不留头的政策。从某种意义说，神州就陆沉了。但是从顾亭林先生的亡国和亡天下之辨看，则人们还可以"洁身去国，隐居谈道，以淑后学，以惠来兹"；"盖天下所系者大，而万世之系者尤大也"。所以诗中还可以写"不信神州竟陆沉"，并有充分的信心。这句诗或应这样看（桴亭先生也做到了）。

有一位大学生自杀了

　　一位北大学生忽然自杀，家庭悲哀莫名，同学议论纷纷，……但是学校还是正常的要上课。这不是说的近事，不是法律系女学霸服药，而是史学系高材生跳海。这件事发生在一九三三年。

　　不幸逝世的孙以悌先生当年是北大史学系高材生，和杨向奎先生是同班同学。那时候，钱穆先生正在北大，教他们班上"秦汉史"这门课。在民国二十二年下半年的一天，孙先生忽然就跳海自杀了。一位学生自杀，原因尚未深知。但是课还是要上的。那天轮到钱先生讲"秦汉史"的课。钱先生没有按照课前准备的内容去堂上讲秦讲汉，而就讲起了孙同学自杀的事，讲了整整一节课。

　　钱先生说孙同学"人极聪睿有希望，不料竟已投海自杀"。钱先生在这一节课上，没有就事论事，而讲到了整个中国的学界，说："学问自学问，生活自生活，两者之间，似乎距离得愈远了。这是近来学界一种不可掩之事象。"学问日进，生活日退，所作的学问和过的生活全不相干。同学们正关心孙同学的学问前途，孙同学却一人默默地去跳海自杀了。

钱先生继续说，我们现在的学校，小学教育就是如何能让学生考入中学，中学教育目的则是让学生考进大学，大学则就是培养学生将来能有能力出国留学。全是知识和学问的传授，没有什么怎样去生活的教育。然而小学毕业还是有人不能上中学，中学毕业不能上大学，大学毕业不能去留学的人还很多。学校平时对他们没有关于人生的指导，他们学得的一些学问和知识，却和社会人生很不相干，往往让他们有无法使用的苦痛。

在有希望的青年里边，他苟非潜心于与社会人生漠不相关的学问，又不肯盲然加入破坏社会的秘密工作，而他忽然感到现在社会之黑暗与混乱，他的年龄的精力，尚不许他轻易放下，则他除腐化消极的一路以外，便可有决心自杀之危险。

这最后一节提到自杀之危险，是一种一般的分析，还是针对孙同学具体情形的猜测？钱先生说：

其实只是孙君的自杀引起的一些平日的积感。孙君曾上我"秦汉史"的课，我在去年年假大考的课卷里，发现孙君天分的优越和其前途的希望。后来有一位先生告诉我说，孙君性情怪僻，近方用其全力做一围棋小史，我当时即可惜他用错精神，不免玩物丧志。然而我没有机会和孙君做一次详细谈话，这正是大学教育只重学问智识的传授之病态。后来突然听说孙君自杀了。

乃知他并没有"丧志"，只是中了"学问""生活"完全分成两橛的毒。

可见这些分析是"积感"也是"孙君自杀所引起的"。钱先生讲了一节课，不是预先准备的秦汉史，讲的是今天的北大，今天的孙君，还旁及当时的小学、中学、大学，还有"我希望国家办教育的，不要尽走上偏枯的路"。

国家近年屡有限制大学文科法科之言论与法令，并时时有禁止学校教授学生对言论思想出版集会种种之自由，而并不有一种具体积极之唱导（除却"党义"科）。似乎文法科的教学，只应与现实人生隔离甚远的做一种点缀，而没有看重到文科法科教育在现时代之需要和其不可缺。

这一节课可以说有点"小题大做"了。当然其实并不是小题，本来就是一个大题，应当大做的。

杨向奎先生当时也在听课。当时他正主编史学系潜社办的《史学丛刊》，听毕此课，他就向老师约稿，请钱先生把当时所讲写下来，让他拿去登载在这《史学丛刊》上。钱先生应允了写了，就登载在民国二十三年元月，北大《史学丛刊》第一册上。几十年后，又和钱先生另一篇《覆某生》短文放在一起，组成一篇《学问与生活》，收在钱先生《中国文化丛谈》一书中。

孙先生去世已经很多年了。英年早逝，非常的可惜。但是因为钱先生此文，孙先生跳海这件事，在当时北大学生心中，在后世钱先生此文的读者心中，都留下了印象，引发了思考。而且这种作用今后还可能继续下去。或许也可以说孙先生最后对中国的教育做出了一定的贡献吧。孙先生安息吧。

孙先生去世以后，过了三十多年，北京大学还发生过学生自尽的事，至少有一件被北大校友王友琴先生记录下来了。

进北大西门往北，在校园的西北角上有一个幽静的小湖。这小湖是北大湖群中的一个，却没有名字，似乎是真正的"未名"之湖。地处"海淀"（此"海"并非今日所说的"大海"之海），北大校园有若干小湖，未名湖是其中大者。那小湖岸边有一棵大树，树上有一根横枝伸向湖面。经济系学生杨明爱被指控为"反动学生"并停发生活费。1966 年 9 月，当红卫兵们得到免费车票和食宿兴高采烈到全国各地"革命大串连"的时候，杨明爱在那根横枝上吊死了自己。那小湖、大树以及那横枝至今依然还在，杨明爱的名字则没有人知道了。（摘自王友琴文章《未曾命名的湖和未曾面对的历史》）

杨明爱学长安息吧。

还有一件事，罗继祖在自撰年谱 1957 年下记载："历史系主任丁则良反右运动中被迫捐生北大未名湖，此人可惜，以昔在西南联大有反共文字之嫌也。"（《蜉寄留痕》，上海古籍出版社，

1999年，第279页）回想以前电视新闻，说全国各地中学生和家长来北大参观游学的很多。他们应当也知道这段历史，不知有没有听说过或想到过这事（这类的事）。

第四部分　人云我云

有忧有乐依世运
不知不愠在我心
——钱穆自撰对联

钱穆先生和胡适之先生的交往

河北人民出版社《胡适论学往来书信选》收钱穆致胡适信二封，原信只署月日，没写明是哪一年，编者定为1928年，并说"据内容考察，应为1928年钱穆在苏州中学任教时写"。这年份定错了。

4月24日钱先生致胡适信，有"礼拜日或趋府，否则下礼拜来。……得于晤面时即聆诲正"，看来不可能是从苏州赶到北平胡先生家拜访吧。信中还讲到《莽歆年谱》，说"已蒙鉴及"，对照胡先生1931年3月17日致钱先生信（同书有收录）"去年读先生的《向歆父子年谱》，十分佩服"，则胡先生读这年谱，是1930年，钱先生说"已蒙鉴及"必在其后，不可能是1928年了。而信中还讲到《周官》问题，这正是胡先生1931年4月给钱先生二信中都谈到的，所以钱先生这信，定为1931年4月24日，就比定为1928年适宜得多了。

5月17日钱先生给胡先生信，也被定为1928年，也与信端"日昨来城拜谒，未得晤教……即日匆匆南旋"显著不合，钱先生是在北平，将回苏州时写的这信，不是在苏州中学写的。信中有讲到请胡先生为《诸子系年》作序并介绍刊印，另据钱先生为《系年》初版所写跋，"十九年秋，始来北平，任教于燕京大学，七日则得三日暇，为余有生以来所未有。又所居静悦，独处一室，重翻陈稿，改写通表四卷，因得稍订其罅漏，凡三阅月而迄"，则此书成于 1931 年，请求写序也当在这一年，所以这信也应定在 1931 年，不能是 1928 年。

除二信年份外，其第二信中，还有几处错标书名号。"拙著《诸子系年》于诸子生卒出处及晚周先秦史事自谓颇有董理，有清一代考《史记》订《纪年》辨诸子不下数十百家，自谓此书颇堪以判群纷而定一是。"其中"史记""纪年"书名号漏标，而于"晚周先秦史"五字和"有清一代考史记"七字处误加书名号，岂不影响读者对文意的理解。

此书所收钱先生、胡先生往来五信，除《先秦诸子系年》外，还讲到《周官著作年代考》、《关于老子成书年代之一种考察》，这些文字都是钱先生在顾颉刚先生所编《燕京学报》上刊登的，钱先生《师友杂忆》一书也讲到在燕京的一年，和胡先生、顾先生讨论这些问题，以及到胡先生府上拜访的事。更可证明钱先生二信不能定为 1928 年。

评鲁迅和白话文

陈勇先生《国学宗师钱穆》里面有这样一段:"他一生中的重要著作也多是用文言文写成的,但他决不是无条件地全盘否定白话文的作用。比如他对用白话文写新小说的鲁迅就极为推崇,在晚年的著作中称赞鲁迅'为近代新文学大师,每一文脍炙人口,其为《阿Q正传》,尤获传诵'。"(陈先生这段引文,没注出处。见原书65页)

这里第一句话是论点,下面"比如"以下部分则应是论据了。但是这论据未免不够有说服力,而且不够准确。

我查找了钱先生关于鲁迅的一些评论,找到如下几段。

钱穆先生《中国文学讲演集》中,有两个讲演是关于中国散文的。其一的题目就是《中国散文》。这个讲演,主要是讲的古代。近代白话文部分,只讲了鲁迅和周作人。认为鲁迅早期学林纾,到"《呐喊》时期"则文学意味浓厚,精神近于唐宋八大家,以描写人生来作文章。而对他"卷入政治旋涡"以后的文字,则以为尖刻泼辣,离弃了文学上文德敬恕的美德。钱穆先生赞许鲁迅"《呐喊》时期"的文字，举有《社戏》、《孔乙己》、《药》、《故乡》、《端午节》为例。说是精神近于唐宋八大家。

具体这样说：

鲁迅一生的文学生涯，可分三阶段：

一、同周作人译《域外小说集》，那是有意学林纾的。

二、《呐喊》时期，这期间的文学意味够浓厚。他的精神，实近于唐、宋八家，在文学中描写人生。例如其中的《社戏》、《孔乙己》、《药》、《故乡》、《端午节》等，都是偏重日常生活的描写，实在主要是以描写人生来作文章。

三、卷入政治漩涡以后，他的文字更变得尖刻泼辣了。实在已离弃了文学上"文德敬恕"的美德。

又，钱穆先生关于阿Q的几段论述：

及余四十左右，乃读鲁迅之新文学，如《阿Q正传》。自念余为一教书匠，身居当时北平危城中，中日战争，如弦上箭，一触即发，而犹能潜心中国古籍，以孔老二之道为教，若尚有无限希望在后，此正一种阿Q心情也。使余迟生数十年，即沉浸在当时之新文学气氛中，又何得为今日之余。余常自笑此一种阿Q心情，乃以上念前古，下盼来者，此亦诚阿Q之至矣。

上面引文，引自《中国文学论丛·漫谈新旧文学》，是用的台湾版本（素书楼文教基金会，兰台出版社中国文化小丛书

2001 年 5 月本）。一般人说自己有一点阿 Q，多少带一些自我批评的意思。但钱先生这段话，放在全文里看，则并无丝毫自我否定的意思，相反，对这种"上念前古，下盼来者"的心情，是十分执着，九死无悔的。谋事在人，成事在天。知其不可而为之。这是孔夫子留下的传统，钱先生实在是愿意继承这一传统的。或许可以说，孔夫子也是阿 Q。阿 Q 之至，也就是孔夫子之至吧。

钱穆先生这本书中，还有一处讲到这鲁迅的阿 Q。

近代最先以白话新文学擅盛名，应推鲁迅，为《阿 Q 正传》，驰名全国。"阿 Q"二字，不胫而走，当时国人无不知。事不几年，今日国人已不再提。"阿 Q"一词，鲁迅本欲为三四千年来中国人心作写照。但试问今天，阿 Q 之影响，何能与关公、包公相比？则无怪我们要对我民族求变求新之理想前途，仍抱悲观了。（见同书《再论中国小说戏剧中之中国心情》）

这文作于 1983 年，台湾。这段话里的阿 Q 又和上面的不同。好像是说这一文学形象对国人的影响，是远远比不上关公和包公的。

《国学概论·最近期之学术思想》讲到十七年的学术思想（辛亥革命到北伐胜利），有这样一段话："一曰好为概括的断制。见一事之敝，一习之陋，则曰吾四万万国民之根性然也；一制之坏，一说之误，则曰吾二千年民族思想之积叠然也。而不悟其受病所在，特在局部，在一时，不能若是其笼统以为说也。"这段没说到《阿 Q 正传》，但与上面"'阿 Q'一词，鲁迅本欲为三四千年来中国人心作写照"对照读，或可认为也包括了对阿Q这一文学形象的评价在内。

另外还有："至于白话文新文学呢？不知道要等到甚么时候真能出一个'新文学家'来，白话文真写得好，我们现在还不知道。总之，我在中学、大学的教科书上看见的这许多白话文，总觉得不能使我佩服。这些虽是题外话，对你们很重要。"

这是钱先生晚年在素书楼讲课时说的题外话，这教科书里的白话文，或许也包括周先生的吧。

引文来自《讲堂遗录·经学大要》，收在《钱宾四先生全集》中。

综上看来，陈先生的"他对用白话文写新小说的鲁迅就极为推崇"的说法恐怕不够准确。

"他一生中的重要著作也多是用文言文写成的，但他决不是无条件地全盘否定白话文的作用。"陈先生书中这句话其实不错，钱先生自己也写白话文，《全集》里收有。就这个已可证明他不是无条件地全盘否定白话文，不必要用他推崇鲁迅先生来做论据的。

《经学大要》里还有一段：

从胡适之以下，提倡新文化，打倒孔家店，提倡白话文，文言文早已死去了。新文化运动这条路，大家方便，给大家开了一个大的方便之门，现在倘再要翻过来，大家不肯，因为要吃苦，可是我们非得翻过来不可，再这样下去不得了的。胡适之还读几本中国古书，能通文言文；现在我们照他话，中国古书都不读了，只通白话文，将来的中国人怎么办呢？

从这看，钱先生不是要全盘否定白话文，而是反对全盘否定文言文。陈先生书中没有提这一点，反而去说钱先生推崇周先生，则也可说是一个不当了。

钱先生和中研院

三联书店《吴宓日记》第六册 62 页（1936 年）及 267 页（1937 年）各有关于钱穆先生的一注，内称"1948 年任无锡江南大学教授，同年当选中央研究院院士"。这里任职江南大学是对的，当选中研院院士则是错的。

钱先生的当选院士，在严耕望先生《钱穆宾四先生与我》一书中述之甚详，是在 1968 年而不是 1948 年，前后相距有二十年之久。下面从严先生书中《从师问学六十年》一文内摘录有关片段。

不久（约一九五七年，引者注）中研院代院长朱家骅先生辞职，胡先生回台继任。我想中央研究院院士不能尽罗全国显著学人，任令钱先生独树一帜于院士团体之外，已不应该。别人担任院长，事犹可谅，胡先生无疑为全国学术界领袖，若仍不能注意到此一问题，更属遗憾。所以我勇敢地给胡先生写了一封长信，陈述此项意见，希望他积极考虑，并很直率地说，我此番心意，不是为钱先生争取这项无用的荣衔。因为先生学术地位、中外声誉早已大著，独树一帜，愈孤立，愈显光荣；但就研究院而言，尤其就胡先生而言，不能不有此一举，以显示胡先生领袖群伦的形象。胡先生对于我的建议，深表同意，与在台几位年长院士筹议提名，但少数有力人士门户之见仍深，致未果行。一九五九年我由美回台后，胡先生曾有一次欲谈此事，又默然中止。后来姚从吾先生才将原委简略地告诉我。

一九六六年夏，研究院将举办第七次院士会议。这年春间，几位年长院士也许有了觉悟，拟提名先生为候选人，其时我已在香港，得史语所同人的信，请我就近征询先生同意，但先生拒绝提名，相当愤慨的说，民国三十七年（即上述注释中的一九四八年——引者注）第一次选举院士，当选者多到八十余人，我难道不该预其数！我笑着说，先生讲学意趣与他们不同，门户之见，自古而然。现在他们幡然改图，为了表示自由中国学术界的团结，似也不必计较。但先生绝不同意。先生有时显得很天真，此刻言貌亦见天真不解世情的一面。我只好通知史语所撤销提名。到了一九六八年举办第八次院士会议，才获先生同意，当选院士，象征中国学术界之团结，也一洗中科院排斥异己之形象。（台湾商务印书馆《钱穆宾四先生与我》89~91页）

以上引文中"几位年长院士"似指史语所"考证派主流钜子"。严先生文中另有一段：

先生之当选院士，对于中国史学界，尤其对于中央研究院，意义重大。盖自抗战之前，中国史学界以史语所为代表之新考证学派声势最盛，无疑为史学主流；唯物论一派亦有相当吸引力。先生虽以考证文章崭露头角，为学林所重，由小学中学教员十余年中跻身大学教授之林，但先生民族文化意识特强，在意境与方法论上日渐强调通识，认为考证问题亦当以通识为依归，故与考证派分道扬镳，隐然成为独树一帜、孤军奋斗的新学派。而先生性刚，从不考虑周围环境，有"自反而缩虽千万人吾往矣"之勇决气概，故与考证派主流钜子之间关系并不和谐。一九四八年四月，中央研究院第一次院士选举，论学养、成绩与名气，先生必当预其列，但选出八十一人，竟无先生名。中研院代表全国学术界，此项举措显然失当，所以当时有"诸子皆出王官"之讥。（同上引书，88~89 页）

从以上引文看，这条注释之误不但是有二十年的时间差，而且，会将历史学界一件"公案"隐藏起来。严耕望先生此文，辽宁教育出版社《治史三书》中有收入，并几次再版，以上引文或许也可找到的。

另外，《钱宾四先生全集》（台湾联经版）所收先生书信中，也有涉及此事的。那是 1959 年 5 月间给余英时信，信中说：

此次中央研究院推选院士，台北方面事先亦有人辗转函告，窥其意似亦恐穆有坚拒不接受之意，惟最后结果据闻乃提出鄙名而未获多数通过。穆对此事固惟有一笑置之。穆一向论学甚不喜门户之见，惟为青年指点路径，为社会阐发正论，见仁见智，自当直抒己见。凡属相邀作公开讲演，此事亦当有一些影响，穆岂能闭拒不应，又岂能自掩其诚，为不痛不痒不尽不实之游辞，而俗人不察，却以私关系猜度，穆亦惟有一笑置之而已。穆之著述数十年来本是一贯与世共见，谈中国文化，谈儒学精微，谈历史大统，岂有受人挑拨而能然者，吾弟若能将穆生平著述三十年来从头细诵，上所云云，岂当有所不信耶。数月前严君耕望来信，亦甚道胡君对穆著书极表同意云云，其意似亦谓穆于胡君或有所误会，实则穆之为学向来不为目前私人利害计，更岂有私人恩怨夹杂其间。弟与严君与穆关系不得谓浅，而仍以此相规，则在穆惟有更自内省，自求无疚神明而已。道路之言穆自更不能对之有所辩白也。……历年赴台邀讲演者多与政府有关，然如台大中研院岂闻有邀之讲演之事乎？有此机会，久郁心中者不得不发，而讲演辞亦多有记录，亦多刊布，自问实无他心也。

此信五月初所发，随后余先生有回信，五月底钱先生又有回信：

项诵来书，所说似百尺竿头更上一步，若循此不已，他年所诣当臻深邃，快慰何极。弟书原稿拟交《双周刊》登载，亦足资侪偶启发，弟意如何（末后论及中央研究院院士一节当删去）。

此信中"双周刊"指的是新亚书院院内刊物《新亚双周刊》，余先生信中论及中研院院士一节，大概不适宜在刊物发表，故钱先生拟予删去，只登余先生治学心得部分，以供新亚学子参考云。

　　注释只需将 1948 改为 1968 即可。但上引文告诉我们许多当年的事。这些资料，在大陆报刊出版物中或许比较罕见，估计在香港、台湾当年报刊和以后的书籍中，当可找到更多有关的补充，也可以说是关于学术史的资料吧。

早年到厦门集美工作

　　钱先生本在无锡做小学教师，后于1922年二十八岁时到厦门集美去教中学了。这事在《师友杂忆》里是讲到过的，是集美教务长施之勉先生向校长推荐的。近见上海《文汇报》登过某记者的文字说，是因钱先生写文参加当时的科学与人生观的论战，被鲁迅先生赏识而推荐去的。但是查一查年份就可知道，这"科玄论战"是在1923年开始的，钱先生去集美是1922年。记者先生的文章把后面的事写成前面的事的原因，显然是错误的了。而施之勉先生则的确是看见了钱先生在报上发表的文章而知道他学问好，才几次向校长推荐，校长才发来了聘书，把钱先生请到了厦门（钱先生在厦门一年后回无锡在三师任教，又几年后乃来苏州，在苏州中学工作）。

　　以上诸事，因都有第一手资料可查，是和非是很清楚的。另外有的是看法观点评价的不同，你认为这样，他认为那样，古人说"盖棺论定"，今天就不可能这样简单地就定，往往有异议，未能定于一是。例如有人说钱先生在做学问上，应得零分（还说顾颉刚先生在做人上应得零分）；有人说，自古英雄难过美人关，学者也往往难过帝王关（学者指钱先生，帝王指蒋介石先生）；还有人说《先秦诸子系年》是抄袭前人的作品等等，所有这些以及类似的看法观点评价，要确定其是非，就恐怕需要时间来作裁判，这位裁判才是最公正的裁判。钱先生生前，也遇到过好多这类事，他本人也就是采此态度的。本文里就不妄加评论了。

钱先生和苏州耦园

钱穆先生曾在苏州耦园住过一段时间。其时的一些事情，他在《八十忆双亲》和《师友杂忆》里都写过。

现在耦园被列为世界文化遗产，关于耦园的书就日见多起来，有专书，也有与其他世界文化遗产合并书写的。这些书中，也自然会提及钱穆先生耦园著书的事。但不知为什么，写错了的竟很不少。下面是一例。

《苏州园林匾额楹联鉴赏》，华夏出版社，2002年修订本，259页。"补读旧书楼，这里原为沈家子女课读场所。1934年，现代国学大师钱穆在此侍奉母亲，专心著述，完成了《史记地名考》、《国史大纲》等著作，自称皆得择地之助。其侄子著名物理学家钱伟长也曾同住在此。"

《国史大纲》写成于西南联大，不是在苏州。抗战期间，钱先生先在西南联大蒙自校授课，后学校迁昆明，暑假钱先生到宜良山中，独居写书，开学上课后，仍是每星期三天在昆明上课，三天在宜良写作，约一年而成此书。以后钱先生就回苏州，在耦园陪侍老母，并写成《史记地名考》一书。这在《师友杂忆》一书中有记载。但是一本《苏州园林》大型画册，在介绍耦园的文字资料中，却把《国史大纲》、《史记地名考》二书都说成是在苏州耦园写的了。

《师友杂忆》中是这样写的："余先一年完成《国史大纲》，此一年又完成此书，两年内得成两书，皆得择地之助。可以终年闭门，绝不与外界人事交接。而所居林池花木之胜，增我情趣，又可乐此而不疲。"这是在耦园的一节中写的，所以被误认二书都在耦园写的了。是漏看了上下文，造成错误。

钱伟长先生来苏住耦园叔父处，也不是钱先生著书的同时，而是抗战胜利以后的事了。这里的写法也易使人误以为是 1934 年或 1939 年。

钱先生耦园著书，是在补读旧书楼。但有的书上，却误写作听橹楼。陈勇先生所作《钱穆传》便有此误（189 页）。听橹楼是耦园中另一座楼，和补读旧书楼一在园东南，一在园东北，遥遥相对。

补读旧书楼的匾额，现在并不悬挂在原处（并且听说找不到了）。而且，这楼原是书房，一间十几二十平米的书房，现在却把两面板壁拆卸，三间房变为一间，做过评弹的演出场所（闻说现在不演了）。你要问在那儿为茶室卖茶的姑娘"知道钱穆先生吗"，十之八九会得到"不知道"的答复。和宜良的立碑纪念是差得远了。今年元旦，《苏州日报》登了一篇《当时年少春衫薄》，是在美国新泽西的五月先生所写，她说，在苏州大学中文系随杨海明先生攻读时，常去耦园，在双照楼茶室里，一杯茶，一卷书，一坐就半天。后来离了苏州，去了美国，又于四年前来苏探亲，约了几朋友到双照楼重温旧梦，却见外面添了个书场，"可是看样子书就读不成了"。看来，她也不知道那个书场，就是钱穆先生著书的补读旧书楼，加上边上两间房子组成的。就是曹林娣先生（这本《苏州园林匾额楹联鉴赏》的作者），她也说，补读旧书楼这块匾额，是"重檐楼阁读书楼楼上大厅匾额"。其实，楼上何来"大厅"，这不过是今人破坏原有建筑结构造成的结果吧。同样，下面还把"城曲草堂"的匾额也说成"重檐楼阁读书楼楼下大厅匾额"，其实楼下也是没有大厅的（或可称厅堂）。

"胡适、傅斯年、钱穆之类"

　　1949 年新华社一篇评论文章，后来收入"雄文四卷"的，其中讲到胡适之、傅斯年、钱穆诸先生，说：

　　为了侵略的必要，帝国主义给中国造成了数百万区别于旧式文人或士大夫的新式的大小知识分子。对于这些人，帝国主义及其走狗中国的反动政府只能控制其中的一部分人，到了后来，只能控制其中的极少数人，例如胡适、傅斯年、钱穆之类，其它都不能控制了，他们走到了它的反面，学生、教员、教授、技师、工程师、医生、科学家、文学家、艺术家、公务人员，都造反了，或者不愿意再跟国民党走了。共产党是一个穷党……。可是，事情是这样地奇怪，就是这样的一群，获得了数万万人民群众的拥护，其中，也获得了大多数知识分子尤其是青年学生们的拥护。

　　近日看到 1949 年当时或稍后傅斯年先生给胡适之先生的一信，如下：

　　自由主义者各自决定其办法与命运。不过，假如先生问我的意见，我可以说：一、我们与中共必成势不两立之势，自玄学至人生观，自理想至现实，无一同者。他们得势，中国必亡于苏联。二、使中共不得势，只有今政府不倒而改进。三、但，我们自己要有办法，一入政府即全无办法。与其入政府，不如组党；与其组党，不如办报。四、政府今日尚无真正开明、改变作风的象征，一切恐为美国压力，装饰一下子。（下略）五、我们是要奋斗的，惟其如此，应永久在野，盖一入政府，无法奋斗也。（下略）六、保持抵抗中共的力量，保持批评政府的地位，最多只是办报，但办报亦须三思，有实力而后可。（下略）我想先生看法也是如此，这些话是多余的。（余英时《从〈日记〉看胡适生平的几个疑案》，转引自《万象》六卷七期。）

　　从以上两段引文看，胡、傅两先生（钱先生略同）反共是无疑的，但"与中共势不两立"和被"帝国主义及其走狗中国的反动政府"控制是否同义，是否一回事，却是无从证明。而在一定的社会时空条件下，则是被认为不证自明、无须证明的。所以，1949 年的评论员文章，至少不受怀疑了三十年。三位先生的著作，全被认为"反面教材"，或拿了来供批判，或打入冷宫不见天日。

　　1957 年，许多知识分子被定为右派，罪名是反党反社会主义。他们的反党，和胡、傅的反共其实大不相同。是不自觉的，被认定的。他们还不是新华社文章里讲的"胡适、傅斯年、钱穆

之类"中的"之类"。有的只是对共产党的一个支部或一个党员
提一些意见，有的只是对政府工作提一些建议，或是对某个政策
有点怀疑，都可以错划为右派（后来改正）。真正像傅先生这样
自信其反共的，可以说是一个也难找的。

1949 年，新华社评论认为"可是，事情是这样地奇怪，就
是这样的一群，获得了数万万人民群众的拥护，其中，也获得了
大多数知识分子尤其是青年学生们的拥护"。过了七八年，这个
论断被整风运动所改变，许多知识分子、许多青年学生都不拥护
共产党，反而向党进攻了。"事情是这样的奇怪"，可是却也不被
认为奇怪。大家来反右，好像也获得很多人（几万万）包括好多
知识分子、好多青年学生的拥护。

再后来，又有党内的走资本主义道路的当权派来反共，这些
人也不能是上述的"之类"。后来证明他们不是反共的。真反共
的是"四人帮"，他们才是走资本主义道路的反党集团。

新华社文章所说"之类"，按文字分析，其中共同点是"受
控于帝国主义和其走狗反动政府"。但究竟是否受控，文章是没
有提出证据的。以前的和以后的历史，其实都提供了相反的证
据。傅先生的信就是其中之一。《文史知识》2004 年 11 期有一
篇关于《胡适全集》的文章，还是认为胡先生对国民党是"小骂
大帮忙"，恐怕也是由他"与中共势不两立"而得出的结论，这
里也存在很大的想当然成分在内。"帮忙"按胡先生他们的想法，
是要帮他们改弦更张，走到民主宪政路上，不是帮他们专制腐
败，统治人民（《文史知识》文章则似乎是认为他们的帮忙近乎
后者，所以加以批评）。

"之类"究竟可以包括什么人？现在看来，《大公报》的王芸生先生庶几近之。在抗战胜利后国共内战时期，《大公报》因社论《质中共》、《可耻的长春之战》等受到《新华日报》痛斥，王先生被认定为"可耻的造谣者"，社论是"法西斯的帮凶"等等。而南京《中央日报》也因王先生发表批评政府镇压学生运动、查封民间报纸等评论而说他"响应共匪新华社"、"为共产国际效忠"等等（以上王先生事据《文汇读书周报》2004 年 12 月 17 日，钟沛璋文）。谁要小骂或大骂共产党，就一定是法西斯的帮凶、帝国主义的走狗了。《新华日报》、新华社当年都是这样认定，这样评论的。如果他们同时也骂国民党，则就肯定是小骂大帮忙的了。右派分子们没有掌握这条规律，所以不幸中了阳谋的圈套，也被冤枉地列入"之类"之中。惜哉，悲哉。

现在右派已经定为错划，冤案得到平反。那么胡先生、傅先生、钱先生和"之类"们是否是帝国主义、反动政府的帮闲帮凶，是否小骂大帮忙，也应是不辩自明的了。但是，虽然应该不辩自明，事实上却不会自明，上述《文史知识》文章即是一例。黄万里先生的诗集出版了，但关于三峡的诗未能收入，不也就是为了这诗是在反对现政府的宏伟建设，和伟人的"三峡出平湖"唱反调吗？但是，也是伟人生前提倡过的"百花齐放，百家争鸣"，为何就不可用来为黄先生诗开放绿灯呢？

看到过一则体育新闻，2004 年举行过一次双人单艇用桨划行渡过大洋的比赛（忘了是太平洋还是大西洋了）。两位华人参加比赛后谈体会，说，平日在陆地上惯了，小艇在海上颠簸，生理上很不适应，过了几十天才慢慢习惯起来。可是经过几个月，

▲ 钱穆先生在台北素书楼客厅

完成了航程，再次登上大陆，却又会站立不稳，行走困难，跌跌撞撞，老是摔跤。这样又过几星期，才重归正常。这或许和人们在东西半球往来，生理上要倒时差是一个道理。生理上习惯的改变需要时间，心理上想必也一样。读惯了"雄文四卷"和红宝书，明知"一句顶一万句"是胡说，可是，思想上的惯性还是会存在，会起作用的。倒时差要几天，这思想上的惯性，恐怕还会存在好几年、几十年的吧。

"维新派"之意见及其他

《文史知识》2005 年 3 期有篇文章，引用了钱穆先生《国史新论》再版序中的一句话"为余治史之发踪指示者，则皆当前维新派之意见"。这段引文是为了说明钱穆先生的研究是关心现实、发现问题、解决问题，有现实关怀的。在《国史新论》再版序中，这"维新派"指的是"新文化运动"（而非清末之维新派），他们的观点，钱先生举了一例"如言自秦以下为帝皇专制政治，为封建社会"，接下去说，"循此求之往籍，而颇见其不然"。

由此可见，这"发踪指示"，只是指出了问题，而其道路和结果，则是往往适得其反的。在《师友杂忆》里，钱先生把这种情形说成"途径相异，意见相左，他山之石，可以攻错"。钱先生在上述序言中，对读者提出了希望，"读余书者，若能效区区之所为，遇当前意见所趋，涉及古人，亦一一究诸旧籍，遇与当前意见不合处，非为欲回护古人，乃庶于当前意见有所献替，则诚所私幸。"

《文史知识》这篇《谈史识》的作者先生，对所引文的内容是了解的，引用也是正确的。因为引用者是看过这序言的全文，也看过《国史新论》及钱先生的其他著作。但是有些人则不然。下面是一例。

《苏州杂志》有个"平江学案"专栏，其中《苦读自修成大师》一文，主要材料是根据钱穆先生《八十忆双亲》、《师友杂忆》二书，再加上作者吴先生本人的看法而成。其引用部分，当是无可置疑的；而看法部分，则有些或可商榷。这里仅举其二：

一、"苦读自修成大师"，这一标题强调了苦读和自修的一面，钱先生有如下的自述（《师友杂忆》）："生平师友，自幼迄老，奖劝诱掖，使余犹幸能不虚度此生。此辈师友往事，长存心中，不能忘。""自念于学问写作凡有所得，亦悉赖师友相辅。孤陋独学，岂有今日。亦有途径相异，意见相左，他山之石，可以攻错，亦皆师友之沾溉。"这是说，苦读和自修，不是孤陋独学；师友之相辅是成功的不可或缺的条件。吴文中虽有讲到师友的事例，但又写"钱穆先生（先生二字引用者所加，下同）的杰出成就，完全是由他长年累月自学苦读勤奋钻研所造就的"。在"自学苦读"上又加上"完全"二字，等于否定了师友的作用，就恐怕难免有些片面性了。

二、关于中西文化。先生《师友杂忆》中说的是"中西文化孰得孰失，孰优孰劣，此一问题围困住（吴引文误作于）近一百年来之全中国人，余之一生亦被困在此一问题内"。吴先生解释说："他（钱伯圭先生）首先催生了钱穆先生学习欧美文化，放眼世界，革新和发扬中国文化的思想萌芽。"钱先生对孰得孰失，孰优孰劣在此处未给出答案，而吴先生的看法则似是认为西优而中劣，西得而中失，所以让钱先生"学习欧美文化，革新发扬中国文化"，其实并不符合实际。钱先生确信东方（中国）文化有其西方文化所不可比拟的优点，盲目崇洋，其失至大。在先生许多关于中西文化比较的论著中均有表述。吴先生这句"催生了……的萌芽"，可以说是很不确切的了。钱伯圭先生是认为西优于中，认为"中国历史走上了错路，我们此后正该学他们"的，但钱穆先生听之"如巨雷轰顶"，"全心震撼"，"从此七十四年来，脑中所疑，心中所计，全属此一问题（得失优劣之比较，引者注），余之用心，亦全在此问题上"。而其思考的结果，在这七十四年内许多著作中已有详述，吴先生或未之见，乃作出"学习欧美文化"之语，略欠妥。这正如见了钱先生说"为余治史之发踪指示者，则皆当前维新派之意见"这句引文，就以为钱先生属于维新派，是同样的错误了（钱伯圭先生正是一位"维新派"，他"发踪指示"，钱穆先生继续研究，"途径相异，意见相左，他山之石，可以攻错"，若被理解为亦步亦趋，就不对了）。

钱穆先生与维新派意见相左之一例：

维新派说，按马克思理论，社会分期是原始共产主义社会—奴隶社会—封建社会—资本主义社会—社会主义社会—共产主义社会。这是放之四海而皆准的社会发展规律。

钱先生在《国史新论·中国历史上社会的时代划分》中说："中国社会，当可称为'四民社会'……同时也可称为'士中心社会'。""因此，我们在思考中国历史中之社会变迁时，实应以各时期士的动态作为探求的中心。"

"下面所指的中国历史上的社会分期，是以前者的观点而试分的。一、封建社会，即西周、春秋。二、游士社会，即战国。三、郎吏社会，即两汉。四、门第社会，即魏晋南北朝。五、科举社会，唐以后，又分为（壹）前期科举社会，即宋以前；（贰）后期科举社会，即明清。"

上述《文史知识》里的文章《谈史识》里，也讲到钱先生把宋代社会定位为科举社会的事，并给予很高的评价，认为是"体现了钱穆先生卓越的史识"（这里先生二字，引用者所加）。也就是说，其史识是远远超过了为他"发踪指示"的维新派的。

这个例子，很能说明维新派的"发踪指示"和钱先生认真研究的结果之间，"其道路和结果，则是往往适得其反的"。

关于师友相辅的具体情形，见另文再述。

为王者师

有一篇介绍钱穆先生著作的文章，止庵先生所作，曾由《南方周末》刊出。

文中讲到"为王者师"，似乎有这么几点：一、这是孟子提出的；二、钱穆先生显然也有这番抱负；三、"在我看来，此乃儒家最不可爱之处。"

以上三点，第一点有根据有引文，当是不错的。第二点，似不显然。毛泽东曾将胡适、钱穆、傅斯年三位先生归为同类，其实虽可说他们有共同性，而其差异性才是更大的。这里恐怕胡先生是比较显然愿意为王者师的，而钱先生似较显然是一学者型做学问的人。他也曾向"王者"（蒋介石先生）提过建议，写过祝寿文和去世后的纪念文，而其主要精神，恐偏重于鼓励他肯定他注重中国传统文化，"复兴中国文化"。虽然整体上主张道统应当"领导"政统，不能屈从于政统之下，而实际上"为王者师"的言行，似不显。第三点当然是个人爱好，有人以为最不可爱是正常的，有人不苟同或也是正常的。窃以为，与"做导师的好学生"相比，有一点"为王者师"的抱负，或许并不是坏事。钱穆先生在《国史大纲》卷首，提醒读本书者，对于本国历史，应有一种温情与敬意，在其前言中，又对那种认为前人一无是处，甚至把今日种种毛病都归之于前人的遗害的态度为历史虚无主义而予以批评。"王者"若能采纳一点他的意见，至少"文化大革命"不会如此"彻底"，"横扫"之时会留情一点吧。

知识分子不能为王者师，不能翘尾巴，要思想改造，而且"知识越多越反动"。许多知识分子是按此指示办理的，但效果也没见怎样好，有的人后来改变了，稍为改变一些，于是有人认为好，有人认为不好。这应当也是正常的吧。

我相信，止庵先生对郭沫若先生曾经按照伟大导师好恶而写的书（与为王者师取相反态度）当也不会喜欢的。这当然是题外之话。

评书评人当先读其书

1.“零分”？

有一本书叫《钱穆印象》，是学林出版社“印象书系”之一种。其书系总序“写在前面”把钱穆先生定位为“以温柔敦厚的胸襟，为往圣继绝学，为时代树典范的硕学通儒”，为本书定下了基调。

所收各文的作者中，海外港台的与大陆的约各居其半。其中多数人对先生敬重有加，而对先生有不良印象而出言不逊的，也有一篇。编者在编序里称，这位作者也是钱先生的弟子，本着吾爱吾师吾更爱真理的精神，对先生晚年所著《从中国历史来看中国民族性及中国文化》撰文辨析批评，“从这一角度证明了作者毕竟不辱师教”。

编者说他对“先生晚年所著《从中国历史来看中国民族性及中国文化》撰文辨析批评”，但作者却说只是从《书摘》上看到这书的一段，而且"刚看千八百字，就遇到下面一段，使我大吃一惊"。下面是所引使人吃惊的文字：

中国的传统，只可说是君主立宪，而绝非君主专制。君主专制这种政治制度，是违反我们中国人的国民性的。中国这样大，政治上一日万机，怎么可由一人来专制？中国人不贪利，不争权，守本分，好闲暇，这是中国人的人生艺术，又谁肯来做一个吃辛吃苦的专制皇帝呢。

"吃惊"以后怎么办？一般人或将找到原书，细看钱先生是如何得到这样的结论，辨析其理由充足不充足，然后才动手写批评文章。但作者不是这样做，而是直接据此把钱先生定为"应该得零分"。进而说"真不知钱先生的历史是怎样念的！"然而钱先生真是说的"无人肯做皇帝"吗？作者的引文中明明写的是"又谁肯来做一个吃辛吃苦的专制皇帝呢"。这句话的意思是和"无人肯做皇帝"一样的吗？

要对一本书做辨析批评，至少得看完这本书，最好还能读读这书作者的其他有关著作。例如批评钱先生这书，最好也读读《国史大纲》、《中国历代政治得失》等等，如果在本书和这些书中的有关论述都不能成立，那批评或许就能成立了。而现在的批评者却不这样做，反而特地声明"听说他写过《国史大纲》之类，我没有读过，不知道有没有与人不同之见"。只读了"千八百字"，就敷衍成洋洋大文，如果不预先说明是钱先生的学生所写，或许会误以为是其他什么人的作品呢。而编者先生说他"毕竟不辱师教"的判断，也变得值得怀疑起来了。"听说他写过《国史大纲》之类"一语，更显得有失学者风度，不大符合"吾爱吾师吾更爱真理"的精神。

《钱穆印象》一书，这文被列最后。先入为主，看了前面各文而基本认同之后，读这文就会更感到格格不入了。全书含三辑：行谊述略，犹忆风吹水上鳞，通儒之学。不过要对这"通儒之学"有真正的"印象"，读这书也只能算是一个准备吧。读千八百字而求有真正的印象，其实是不可能的。

2．"抄袭"？

《钱穆学述》是王晓清先生所著《学者的师承与家派》书中的一篇，还有一个副标题叫"心犹余憾洗铅华"。其中有些断语颇为失当，摘抄几段如下，并略作案语说明之。

> 他的洋洋百万言的《朱子新学案》，体大思精，颇得时誉，他被海外华人学者称为新儒家，与内地哲学思想家冯友兰、熊十力、金岳霖、汤用彤诸人并名。
>
> **案**：钱先生本人，不认为自己是新儒家。

顾颉刚将这一与自己的学术观点完全相反的论文刊登在《燕京学报》第七期，于是，钱穆在北平学术界一举成名。钱穆在自己的回忆录《师友杂忆》中没有将发表《刘向歆父子年谱》的真实经过写出来，而是有意掩饰了。

案：这"有意掩饰"有很大贬义，而且留下很大悬念：真实经过究竟如何？接下去的下文当有所揭晓了。

《刘向歆父子年谱》在钱穆向顾颉刚投稿时并不是这一稿题，而是《刘向刘歆王莽年谱》，后经顾颉刚改为今名发表。在顾颉刚创编的《古史辨》第五册中，收入了钱穆《评顾颉刚五德终始下的政治和历史》，对顾颉刚的《古史辨》与今文学作了批评。顾颉刚不仅推出钱穆的论文，而且向燕京大学、北京大学推荐钱去教书，使一个小学教师登上了国内著名学府的讲坛。

案：对于顾颉刚推荐发表事，《师友杂忆》是有记载的："余自在后宅，即读康有为《新学伪经考》而心疑，又因颉刚方主讲康有为，乃特草《刘向歆父子年谱》一文与之。然此文不啻特与颉刚诤议，颉刚不介意，既刊余文，又特推荐余在燕京任教。此种胸怀，尤为余特所欣赏，固非专为余私人之感知遇而已。"

除了书名之更改，好像没有"掩饰"什么。又，"使一个小学教师登上了国内著名学府的讲坛"，不确。钱先生去北平前，是省立苏州中学的名教师。

钱穆也认为"初见面不当以僻书相询，事近习难"，从此钱穆与胡适结怨。

案：这节未免武断，且有断章取义之嫌。钱先生所说的，在这引文前有"自念余固失礼"，后面又有"然积疑积闷已久，骤见一天下名学人，不禁出口，亦书生不习世故者所有……"等语，语俱详载《师友杂忆》，读者自可参见。所以说王晓清"未免武断"，是对"从此结怨"而言，这近乎不准确、无根据的妄断。

钱穆是如何看待胡适的学术研究的呢？"余意适之既不似中国往古之大师硕望，亦不似西方近代之学者专家，世俗之名既大，世俗之事亦扰困之无穷。不愿增其困扰者，则亦惟远避为是"。

案：此段引文，是钱先生说明自己和胡先生保持距离的理由，未可径看作钱先生对胡先生学术之评价也。

钱穆当初在北大讲近三百年学术史课程时，就有学者怀疑钱穆是抄袭梁启超的《中国近三百年学术史》。

案：今二书具在，读者可比对阅读，所谓"抄袭"不攻自破。倒是《钱穆学述》的作者王晓清，在其书后所列参考书目中，却不列梁、钱此二书，钱先生著作，竟仅列《师友杂忆》一种，好像很不可思议的。

《国史大纲》虽经增订修改，但始终是一部讲义，没有自己独到的研究，形成不了特有的风格。

钱穆的不少著作具有很明显的抄撮史料的特性，这就在很大程度上减弱了钱穆著作的学术性。

案：这样的结论或可说是作者自己"独到的"研究结果了。但是似与作者接下去的论述不够一致。

虽然钱穆的《国史大纲》、《中国文化史导论》、《朱子新学案》等著作在当时没能够产生所期望的那种学术反响，甚至对于著者来说心犹遗憾（四字原来如此），但知识分子关注国家前途、民族命运的一以贯之的传统人文精神却使他的研究论著以及人格发散出迷人的魅力。

案：虽说不够一致，其实还是有一致性的：就是贬低《国史大纲》等著作的学术性与作用。

如此草率为文，评述一位著述丰富的学者大家，让人感叹中汲取教训：如果读钱先生原作少于十部，是不宜草率为文的。

小考小订

《史记地名考》的写作和出版

抗战期间，钱先生随学校内迁，在西南联大期间，写了《国史大纲》，后应顾颉刚先生邀，到齐鲁大学国学研究所任职，其

◀ 钱穆先生题签《史记地名考》书名

间曾回沦陷区苏州，和母亲一起在苏州耦园隐居一年。一年中除为齐鲁大学编写学报外，并写《史记地名考》，作为"职务写作"。

他在《师友杂忆》中写到这事，说在苏州耦园的书房叫"补读我书楼"。钱先生的一位弟子、台湾大学的逯耀东教授，写了一篇《素书楼主的写作环境》，则说是"还读我书楼"。上海陈勇先生《钱穆传》则又说"在耦园两面环河的听橹楼上"写的《史记地名考》。钱先生是记错了，逯耀东、陈勇二位先生也写错了。苏州耦园的东花园，坐北向南的一落楼房，其楼上正中的一间，原有清代留下的匾额，是"补读旧书楼"。此匾前几年犹存，今不见，但有园内导游牌为证。而"听橹楼"，则是园内另一座楼，与"补读旧书楼"隔开假山和池塘，遥遥相对。

《齐鲁学报》和《史记地名考》书成，都交上海开明书店印制。学报是当时就出版了，而《史记地名考》却没及时印出，直到抗战胜利，直到1949年钱先生到香港办学，这书仍没印出，他也没有底稿。认为又和《清儒学案》一样，就此没了。可是几年后，香港市上，竟出现了这书，没有作者署名，说是开明编译所编。钱先生几经交涉，收回著作权，加写序文，交香港龙门书店出版（当时或稍后，在苏州的钱先生长子钱拙先生，曾向苏州市有关领导问及这事，后被告知"你们别问了"）。

钱先生逝世后，著作版权由家属赠与素书楼文教基金会。近年北京商务印书馆所出《史记地名考》是获素书楼文教基金会授权的。

1949年起，钱先生许多著作陆续从书店消失，各级各类图书馆，也将他的书从书架剔除。50年代以开明编译所名义出版的《史记地名考》，想必不会在大陆发行，是定向港澳海外的吧。今天谁能得到当年的初版书，虽然应定为盗版，但也可说是极为珍贵的了。

《黄帝》一书不宜收入钱穆系列

1997年台北联经出版社《钱宾四先生全集》一书后有《编后语》十页，其中有如下一节：

> 至于坊间刊行题名先生之著作，亦有《黄帝》与《中国通史参考材料》两种未予收入。《黄帝》一书，为先生抗战期间在成都赖家园齐鲁大学国学研究所，经某出版社催促撰写；时方别有撰造，遂口述大嵩，由门人姚汉源笔达之。及先生来港、台，以情势有所不宜，再版时乃径题先生之名刊行。先生遗言，是书将来当还归姚君。《通史材料》则原为先生在北大通史课堂编发学生之辅助读物，先生以原编材料未完，且其后屡有增改，而其要义亦已写入《国史大纲》之中，故不主再予重印。然书肆寻获流传海外初编讲义，乃以付梓，非先生意也。此外尚有未征先生同意，窜取先生已发表之论文，杂凑成册以出书者，凡今《全集》所未收录，皆是之类也。此等篇章实已分载各成书之中，非有所阙漏，读者详之。

近见图书广告，有预告将出钱穆先生《黄帝》一书者（三联之系列）。观乎上，则知其非矣。《黄帝》一书，虽曾有署名钱著之版本，但此乃"情势有所不宜"时之产物，先生生前，已有"将来还归姚君"之遗命，且闻此项遗命已于几年前由钱夫人完成，《钱宾四先生全集》亦不收此书，并加说明；则今日再以钱穆先生著作出版之，得毋既侵姚先生之著作权，又影响钱先生之名誉权乎。

预告"即出"，则或生米尚未成为熟饭，改弦易辙，当尚未晚。为出版家计，速将此书撤出钱穆先生系列，改与姚汉源先生联系版权问题，当是上策。本文当时在网上发表，又在《文汇读书周报》刊载，但出版社方面不予接受，仍将《黄帝》一书作为钱穆先生著作出版发行。

《中国史学名著》（三联本）之一误

该书 247 页，有句"又如讲朱子生平及其学问，则必读《黄勉斋行状》"。要讲朱子，为什么要看他人的行状？拿原本（台湾本）一查，原来是"黄勉斋《行状》"，是黄勉斋写的朱子行状，不是黄勉斋本人的行状。三联本此误重印多次达几万册而仍误。不该。

接下去还有一句："讲程明道，则必读《程伊川碑》"，其书名号也是不对的，应是"程伊川《碑》"。

两种《文化与教育》

广西教育出版社出的钱穆先生《文化与教育》，全书共收文

▲ 20世纪50年代香港办
学时期的钱穆

二十篇。看其序跋，可知这书抗战时初版就是这样的，后来在台
湾重印，也只文字稍有改定，内容是不变的。

另有一种全集本，台湾出的。则在这二十篇中，将适宜收
入《政学私言》的两篇抽掉（一篇是讲政治家风度的，一篇是说
省区制度的），另外补入没收入其他集子的，关于"文化和教育"
的文章有二十二篇，又原收在其他文集，现在改入本书的有二
篇，一共就有四十二篇了。

二书的书名是一样的，但篇幅则相差较大。全集本自是较全

的了。比广西本多出很多，特别是关于教育的部分。有《理想的大学》、《理想的大学教育》、《一所理想的中文大学》、《编纂中等学校国文科公用教本之意见》、《中国之师道》、《中国传统文化中之师道》、《教师节感言》等等（及其他篇目）。

近年大陆从台湾东大公司引进出版的钱先生著作有多种，不少是和全集本有出入的，而或以这本书的相差为最大。

一幅历史照片的说明

《文汇读书周报》选登《民国名人再回首》照片若干，内有"钱穆夫妇"一幅。其说明中有"1967年，著名史学家钱穆夫妇由美国至台定居……"。但据钱先生《师友杂忆》，1967年他们是由香港往台而非由美国至台。

余夫妇去马来亚，沙田旧居未退租。及归，日夜写《新学案》，然亦疾病时作。越半年。体稍健，美琦遂去香港某中学任教。晨出，午后归，余一人在家，时撰写益勤。皆就前两年来读《大全集》、《语类》录下笔记，分题阐述。而香港难民潮骤起，乃决计迁居台北，先来择地，得外双溪今址。返港后，美琦自作一图样，屋宇面积略如沙田，惟分楼上楼下，而添得一园地。乃于一九六七①年十月迁台北……（《师友杂忆·在台定居》）

---

① 编者注：原书为民国纪年。

钱先生夫妇是由马来西亚回香港，又由香港到台湾，不是由美国至台。照片说明错了。

钱穆先生与《竹书纪年》

钱先生写《先秦诸子系年》时利用了雷学淇关于《竹书纪年》的研究著作，并且在《自序》中提到这事。可是在几十年前，有位历史学家在批判钱先生的文章里却说钱先生《先秦诸子系年》是抄袭之作，抄的雷学淇的《竹书纪年义证》。这当然是过去的事，现在不会有人相信的了。

陈勇先生近作《国学宗师钱穆》谈到《先秦诸子系年》时，也讲到这《竹书纪年义证》。

钱穆在北平各书肆遍寻《竹书纪年义证》未得，后在北平图书馆珍藏书中得雷学淇家传本，择其有关者一一补入《竹书纪年》一书中。他在《竹书纪年·自序》中，提出《竹书纪年》胜《史记》五条明证，其中即得益于《竹书纪年义证》甚多。(《国学宗师钱穆》84页)

这几句话有些奇怪。在钱先生《先秦诸子系年·自序》中，是有"此《纪年》胜《史记》明证一也""二也"直到"五也"。则陈书中"他在《竹书纪年·自序》中，提出……"其《竹书纪年·自序》显然应是《系年·自序》之误。同样"择其有关者

——补入《竹书纪年》一书中"也应是——补入《系年》书中才对。想来是先把《先秦诸子系年》简写成《系年》，而《系年》又与《竹书纪年》混了。

有感于李敖的"钱穆定位"

苏州新华书店特价书市上，在五折区有李敖先生著作多种，买了其中《我最难忘的事和人》一册，读了其中《我最难忘的一位学者——为钱穆定位》，略写几句读后"感觉"。

这文是在钱穆先生逝世的第二天写的，第一句就是"钱穆昨天死了"，接下去是"活了九十六岁"。然后说"看到报上的胡乱报道，感而对他有以定位如下。"别人都是胡乱报道，只有他李先生能给出定位。这正是李先生的一贯作风。

李先生的定位共有六点。

第一点，说"钱穆在古典方面的朴学成就，大体上很有成绩，当然也闹大笑话"。其例证是钱先生曾考证孙武和孙膑为同一个人，而后来出土文物证明不然。所以"证明了所谓朴学，不过乃尔！"——感想：从所举例或难得到如此定论吧。

第二点，李先生说"钱穆的史学是反动派的史学"。其论据是钱先生《国史大纲》书前所写的温情与敬意。——感想：李先生或正是钱先生所说的"对其本国已往历史抱一种偏激的虚无主义",所以对钱先生的温情与敬意特别反感吧。

第三点,说到报上"民初有'南钱北胡'之称",李先生指出,"民初"是错误的,应是1930年以后的事。又说钱先生的地位也从没达到能与胡先生抗衡的高度。又转而说,但是胡先生在世时,钱先生没能成为中央研究院院士,李先生也始终认为不公道。——感想:李先生这里对"民初"的批评,肯定是正确的了。

第四点,说"钱穆作为史学家,本已令人皱眉,但他不以为足,还要做经学家、理学家,甚至俨然当代朱子,这就更闹了大笑话"。——感想:本则和上面的一则,好像很矛盾。按本则,钱先生非但不应成为院士,连学者也称不上了。

第五点,李先生讲到钱穆与当权者关系,认为是可耻的。"蒋介石利用钱穆的反动来哄抬政权,钱穆利用蒋介石的反动,来得君行道。"——感想:本则成立的前提是,先把蒋、钱都定位为反动的。

最后一点说的是,钱先生不该霸占公产,白住素书楼二十二年。其实,当年张大千先生、林语堂先生和钱先生到台湾住下,都是住的政府宾馆,"白住"这不足为钱先生病也。

"我最难忘的一位学者",似乎有点题不对文。李先生眼中,恐怕全中国没什么学者是够格的,也没什么读者是够格的。真不知钱先生怎么会令他如此难忘的。

李敖在本书自序中说:"读者其实比以前还混蛋,品味能力也已大坏，我怀疑还有多少人配读李敖的文章了。""李敖写书和读者读他写的书，有不同的分际，一如先知者和追随者的分际。"所以，以上的感想是不能和李先生讲的，否则只是徒取"混蛋"的骂名耳。

张中行批判欧阳修

张中行批评欧阳修，主要是讲他的《新五代史》不该批评冯道。他说：

如果不加思索，仍死抱着传统信念，随着欧阳修大骂冯道，说钱牧斋不随着崇祯皇帝死是无耻，就实际等于为压榨小民的专制帝王和专制制度唱颂歌，真是太可悲了。

张中行先生这文，发表在《读书》1995 年 12 期。或是有所思考，为"古为今用"而写。其中以下这一段很明显：

我是担心心理状态这玩意儿，旧时代寿终正寝而阴魂不散，比如，"文武衣冠异昔时"之后，有些人不还是可以以充当驯服工具为荣，在某时某地望见或亲近天颜，就郑重记入日记，说是一生中最大的幸福吗？这是忠君思想的现代化，其结果自然就成为老调重弹，堂上说煤是黑的，堂下山呼是，改为说煤是白的，

也山呼是；堂上说往东走对，群起东行，改为说往西走对，一齐
向后转，举步往西。

在外国，并没有欧阳修，也没有《资治通鉴》，可是却有个
人迷信，有专制，有法西斯。所以我们批评斯大林，批判希特勒
时，无须用冯道做榜样，更不必拉欧阳修陪绑。在中国，"文武
衣冠异昔时"之后，所出现的一些现象，如果都怪欧阳修，倒有
些几近为有些现代人开脱罪责了。

张中行先生文章，题目是"有关史识的闲话"。文中对欧阳
修的批评这样：

几千年来，知识分子受骗（或兼自骗），已经到了心死的程度。
不幸是心死而行不死，且撇开动机，结果就成为，为历代的专制
魔王作了帮凶，为历代的专制制度作了护身符。但评人又不当抛
开动机，所以视忠君为美德，为荣誉，如欧阳修之流，只是可怜，
而不是可鄙。

这"欧阳修之流"，也包括了顾亭林。因为他在清朝时候，
曾经多次去祭十三陵，就等于是忘了朱元璋、朱棣、正德皇帝、
天启皇帝、崇祯皇帝等所做祸国殃民的坏事，所以也可怜了。张
先生自称是钱穆先生的学生，并曾大胆地评定钱先生"学术上该
得零分"（也是在《读书》杂志上为文这样说）。钱先生可能不认
识这个学生，但是《国史大纲》卷头语里讲到的"所谓对其本国
已往历史略有所知者，尤必附随一种对其本国已往历史之温情

与敬意","所谓对其本国已往历史有一种温情与敬意者,至少不会对其本国已往历史抱一种偏激的虚无主义。亦至少不会感到现在我们是站在已往历史最高之顶点,而将我们当身种种罪恶与弱点,一切诿卸于古人"。却正好可以移来作为对学生的一个评分标准。

对张中行先生的这篇文章,我认为上面第二段引文所担心的情形,是值得担心的,但这种情形是怎么来的,则不能说是欧阳修的阴魂不散造成的。如果谁认为是欧阳修的阴魂不散造成的,则应认为是他史识不高的表现。

"而已"不可轻言

《苏州日报》登了一篇《货于帝王家而已》，用五个字和一个"而已"，就把孔子、孟子直到纪晓岚和几千年内的千千万万人全给否定了。读来很不是滋味。

现在是没有帝王了，但是历史上是有的。是否我们应当要求孔子、孟子直到纪晓岚等等不要去与帝王拉关系，直接用"现代"思想指导行事，或者树起造反大旗，发动一场推翻帝王的暴力革命或文化革命才好呢？

在历史上，帝王或可作为国家的代表，所以人们说忠君爱国，这二者之间不是有很大矛盾，很尖锐的对立的。而且，历史人物不是不知道区分二者之关系，提倡忠君时也不提倡愚忠。

孔子、孟子都是有很大贡献的历史人物。他们不但对中国历史文化有贡献，而且在世界思想文化史上也是有地位的。五个字和一个"而已"，是否定不了他们的。一定要否定他们，反显得自己有点无知无畏的味道了。

至于评价纪晓岚，而引用到那以乾隆、和珅、纪晓岚三人关系演绎的电视剧，则也就带有很大的戏说成分，无以服人的了。

钱先生《中国历史研究法》一书，有"如何研究历史人物"一章。其论孔子曰：

> 譬如孔子，是中国历史上第一大人物。但他生于春秋末期的衰乱世，霸业已尽，时代将变。可说此一时代，已濒临旧历史传统崩溃消失的末路，势已不可收拾，谁也挽回不过此一颓运来。孔子以后，如孟、荀、庄、老诸子生于战国，论其时代，更不如孔子。那时天下大乱，残局日破日坏，更是无可收拾了。然论开创此后历史新局面，能在中国此后历史上具有无比的大作用大影响的人物，我们总不免要数说到先秦。

下面并且说："两汉之治盛，胜过先秦，但论人物，其在历史上作用之大，影响之深，则决不能比先秦。"又说："孔子与朱子，是中国史上前后两位最伟大的人物，却均出在衰乱世。"

钱先生还提出了一个问题：在中国历史上，正有许多伟大人物，其伟大处则正因其能无所表现而见。例如孔子所称道的吴泰伯、伯夷、叔齐、颜渊等等。钱先生还列举了介之推（春秋）、王斗（战国）、商山四皓（汉初）、严光（东汉初）、管宁、徐庶（三国）、陈抟、林和靖（宋），这些人都"无表现"，"论其事业，断断不够载入历史"，但"其无表现之背后，则卓然有一'人'在，此却是一大表现"。范仲淹说严子陵"先生之风，山高水长"，原作"先生之德"后改为"先生之风"，钱先生评说："'德'指其人之操守与人格，但此只属私人的。'风'则可以影响他人，扩而至于历史后代,并可发生莫大影响与作用。"所以钱先生还勉励后学,可以写一部"中国先贤传",来宣扬这些伟大人物。——这些人物,是不可以用"货于帝王家而已"来否定的吧。

全盘否定历史是一极危险的事,前事不忘,后事之师。"而已"二字,当慎用,不可轻言。

但是这篇《货于帝王家而已》,后来却得了一个《苏州日报》的奖项。

代编后记

远方的山

钱婉约

1

父亲自 2002 年起，在天涯"闲闲书话"开了博客，以"毕明迩"为网名，渐次刊贴读祖父书的心得笔记。那年他整七十岁。我们叹服他的与时俱进，壮心不已。一转眼，至今已经是第十个年头了。他以一个普通读者的心情和笔调，十年间，认真、真诚地阅读、记录和书写，竟赢得越来越多的跟帖和博友；有些文章，也陆续刊发在报纸杂志上。看到社会上有越来越多的年轻读者，对祖父著作感兴趣，为祖父的学说所感动，从中得益，在父亲，一定有一种嘤鸣求友，获得共鸣，受到鼓舞的心情吧。当然，在我理解，他不断写下去的最主要动力，还是出于自己的需要，是听从自己心灵的呼唤：思亲补读，走近父亲。

父亲是个疏于管理的人。历年的这些文章贴出去后，他自己甚至都未存底稿，偶有之，也是东一篇西一篇，凌乱散漫，格式不一。我见其越来越蔚然形成规模，觉得也有必要把这些文章整理编排一下。就趁 2005 年回苏州省亲的机会，为他做了一番整理。依照时间顺序，从网上一一下载，转换格式，分门别类，整理编辑成书，当时就已有二十多万字。也曾经有出版社有意出版，后来因一些技术性问题，搁下了。

直到今年，在父亲八十寿辰即将到来之际，我决定将书稿再次捡起，汇总这十年来父亲所有关于读祖父书的文稿，删繁就简，整齐类别，成为一编，谋求出版。希望能够作为献给父亲八十寿辰的纪念。

感谢九州出版社乐意接纳此书，我也借此特别想对张海涛副总编辑和本书责编童丽慧老师，说声感谢。

张总建议我写个编后记，写写我心目中的祖父，以及与祖父相关我们家族的事。我却之不恭，就搜检回忆，拉杂写出以下文字。

2

在幼年记忆里，我有父母、祖母、外祖父母，经常走动的还有伯伯、叔叔、两个姑姑几家，因为长辈们清一色都是教师，我们往往一起过寒暑假，一起陪侍祖母过春节。但是，我心中从没有"祖父"这个概念，更不知道有这个人的实际存在。

开始知道祖父的存在，是在1969年。父母中断了各自在苏州的教职，接受知识分子"到农村去，接受贫下中农再教育，很有必要"的最高指示，被下放苏北农村。当时，虽然戴了大红花，与苏州市教育系统同批下放的人一起，被敲锣打鼓地欢送，但我明显感到这件事不是好事，因为外婆为此哭了好几次。我又隐约知道，这不好的事，所以轮到我父母头上，是与我在台湾的祖父有关——因为家庭成分不好，才更有必要接受教育。事实上，同年稍早，我伯父一家亦已先期从苏州下放到了苏北的射阳。

经过三天的水陆兼程，我们终于到达了目的地：盐城县楼王公社范河大队第三小队。到达的时候，已经天黑，王爹爹（当地"爹爹"相当于爷爷）家没有电灯，空空的堂屋里，墙上挂着一盏豆大的油灯。他们的晚饭桌上，只有一碗咸菜卤。这两点我印象很深。我家被安排先寄住在王爹爹家。随后，就在王爹爹家隔壁的空地上，在村子的最西头，开始动土建屋，建起一排朝南三间、东西南三面是砖、北面是泥土的所谓"三面瓦房"，这要比同村其他人家的一面瓦房或四面泥土房，好多了。这年，我六岁。

父母先在范河大队教小学，后来调升到楼王公社镇上教中学。我跟随着，在这里开始读小学。

在家里，父亲让我读唐宋诗词，除了"日出江花红胜火，春来江水绿如蓝，能不忆江南"，"停车坐爱枫林晚，霜叶红于二月花"等好懂的诗句以外，还有"大漠沙如雪，燕山月似钩。何当金络脑，快走踏清秋"等等令我一知半解的诗句。父亲说："读不懂，那就读长诗吧，读《长恨歌》。"他的理由是因为长诗有情节，反而会比短诗更好懂，好读。我就又一知半解地知道了"上穷碧落下黄泉，两处茫茫皆不见。忽闻海上有仙山，山在虚无缥缈间"等等的诗句。

那时候小学放学，照例是要全班学生排着队由学校出来，一路回家。由于我生得矮小，就总排在队伍的前部，又由于我学习好，经常受到老师的表扬，引起一些同学对我的不满，我走在前面，身后就常常会有同学的恶作剧，高声怪叫我父亲或我母亲的姓名。——我上大学后，才知道这是以触犯"避讳"来羞辱人，一种很见历史文化遗痕的骂人方式。这天，他们忽然不喊我父母的姓名了，而代之以"刺面小人！反动分子！台湾特务！"的呼声，我就想：怎么从父母亲已经上升到了我祖父？那段时间，我们的语文课本上正好有一课《水浒传》选段，所以，就有了"刺面小人"这一词。

我也曾偷偷地翻出《毛选》四卷，寻找那篇著名的文章阅读，似懂非懂中，竟有既震惊又兴奋的感觉。对于那个自己继承了其血脉的祖父，虽然没有"上穷碧落下黄泉，两处茫茫皆不见"的寻觅心情，多少也生出点"忽闻海上有仙山，山在虚无缥缈间"的奇幻感：这到底是位怎样了不起的特别人物？惹得最高领袖要点名批判？也不敢多问父亲，更不可能与别人说起。

在我当时的心目中，祖父就像是一座遥远的山，朦胧神秘看不清，阴云之下，黑魆魆的山影若有若无、时隐时现。

3

　　上大学是在 1981 年，上了北京大学中文系。两年前，伯父家和我家经过十年农村的洗礼，也已经分别回到苏州。在改革开放的新时期，在全国上下夺回被"文革"耽误的时间和损失的大氛围中，我家的心情大概是找回下放前在苏州工作、生活的感觉吧。父亲回到了原来的中学，母亲换到一所新开设的初中。最近我看了父亲写的一些回忆文章，才知道，人是回来了，可当年的感觉还是失落了许多。此为另文，这里不述。

　　幸运的是，我们这一辈钱家第三代，五房十个孙儿孙女，从 1979 年开始，陆续全部考上了 1977 年恢复高考以后的正规大学，其中上了清华、北大的，就有五人，占了一半。

　　1980 年，分别三十余年后，由大陆有关方面和香港中文大学新亚书院协助，父辈们终于得以在香港与祖父第一次见面。我也从此看到了多帧祖父的照片，听到家中长辈正面陈述关于祖父的一些回忆。

　　那座远方的山，因为阴云的渐渐消散，逐渐清晰起来。

　　我读的是中文系古典文献专业，祖父知道后，体察到大陆文化风气的变化，非常高兴，即在与父亲的通信中，告知要让我好好用功："我在小学教书时，全国上下正提倡新文学，轻视古典文献，我独不为摇惑，潜修苦学，幸得小有成就。不谓今日北大开立古典文（献）课程，乃出当局指示，世风之变有如此。读行儿信，我心亦甚为激动，极盼婉约能学有所成，不负我之想望。"学有所成"令我愧不敢当，而我亦在此氛围中，开始用功学习自己喜欢的中国古典文史方面的知识学问。

那四年，读了祖父的一些书。记得当时北大图书馆祖父的著作都是民国本或港台本，不多不全且不好借。在80年代的文化热潮中，我读了父亲赴港相见时带回来的《中国文化史导论》《民族与文化》《从中国历史来看中国民族性及中国文化》《文化学大义》《中国历史精神》《中国文化精神》《论语新解》《八十忆双亲 师友杂忆》等单行本。这些书对当时的我来说，与其说是学问的引领，不如说更是一种关于中国文史知识的积累和传统人文精神的熏陶。

祖父的书，让我感到与我当时正接受的大学教育，是有不同之处的，简单地说，就是其中的历史知识是与文化信仰紧密联系在一起的。书中对于五千年中华文化透辟的理解、圆融的阐释、坚定的信念，对于近代以来政治文化鞭辟入里的针砭，有一种穿越书本，直抵人心，撞击你固有精神世界的强大力量。

80年代的中国，真是又一个"欧风美雨""拿来主义"的时代，大学里的学习风气非常浓厚，到处洋溢着打开窗户迎接新鲜空气、走出门去寻找新鲜知识的真诚和执着。我阅读了孔子、屈原、司马迁、陶渊明、大小李杜，乃至吕叔湘、周振甫、钱锺书等，也曾在大氛围的感染下，今天萨特存在主义、明天柏格森生命哲学，还有弗洛伊德、卡夫卡、汤因比、朦胧诗……，囫囵吞枣地浏览了不少西方新知的皮毛。在这样的气氛中，也出现了《河殇》等民族虚无主义的声浪。不知是我所学的专业引导了我们热爱民族文化的热情，还是祖父的书给了我血脉相连、气韵芬芳的精神启示，那时，我感到自己内心是抵触和远离那些虚无主义的激情的，对于高举西洋某某主义的旗帜，摇旗呐喊的有为俊贤们，也是敬而远之。

那逐渐清晰起来的大山，开始放出光来。熠熠的光辉，照耀的不仅仅是我，还包括一些像我一样在上个世纪 80 年代较早地阅读了他著作的年轻心灵吧。

4

见到祖父是在我大学三年级的暑假，1984 年，我们与祖父在香港中文大学，一起生活了一个月。

为庆贺祖父九十寿辰，中文大学新亚书院举办一系列纪念活动，特意邀请祖父在内地的家属——儿女四人，即父亲、叔叔、两个姑姑（伯父于前一年不幸病故），孙辈二人，即伯父的长子，时在清华大学读书的堂兄和我，到香港与祖父相聚。这是父辈们第二次在香港与祖父相见，我和堂兄则是第一次见祖父。

7 月 4 日我们到的当晚，台湾奶奶到山下车站接我们，祖父在新亚书院会友楼的临时寓所坐等。由于罗湖海关手续的拖延，我们比预计晚到了两个小时。推开家门，爷爷正坐在沙发上着急，他说，他一个人在家等得实在心焦，就站起来来回踱步，边走边数，已经在客厅走了三千步了。见我们终于到了，他万分高兴。两个第一次见面的孙儿孙女，上前做了自我介绍，他眯着视力很弱的双目，对我们左右端详。吃晚饭的时候，他兴致十足，说了许多许多，还不时哈哈大笑起来。这是三十多年来，第一次三世同堂的团圆饭啊!《师友杂忆》中有一句话:"余以穷书生,初意在乡里间得衣食温饱,家人和乐团聚,亦于愿足矣。乃不料并此亦难得。"可知,他老人家对骨肉离散的痛楚,感受得比我们晚辈深刻得多。

然而,祖父远不是只满足儿孙绕膝、安享天伦的老人,相聚的那些日子里,他更多的时间是查问我们每个人的学习工作情况,时时教导、敦促我们为人治学的道理。几乎每晚都要谈到十二点以后,记得有不止一次,饭后午睡了,他刚进卧室躺下,忽然又走出卧室,对我们讲述他刚想起来的叮嘱。看着这些两岸隔阂、三十年弃养的他的亲生儿女,他是想加倍地、千百倍地补偿关爱和教导吧。另外,他还通过父辈的回答和介绍,了解他多年萦绕在心的故乡的过去和现在,并对着大陆来的儿孙投射自己对大陆故土的关注和期盼。

有几个小细节,或许值得一记:

那个暑假正是洛杉矶奥运会如火如荼之时,会友楼的客厅里有电视机,饭前饭后,大家坐在沙发上,免不了看看赛事,感叹一下输赢。祖父就叹口气说:你们也像年轻人一样,关心这样的体育比赛?这是西洋人的做法,所有人都只想着争夺金牌,可是,一个比赛就只有一块金牌啊?!!我们中国人就不这样,讲究"不以成败论英雄",就像下象棋,小到一兵一卒,大到象、士、车马炮,都有自己不可代替的作用,这才是中国人的比赛方式。中国的体育是五禽戏,是太极拳。这让当时的我听了,很感新鲜和启发。

我当时正在读大学三年级,祖父就一一问我北大中文系上些什么课，老师叫你们读些什么书，嘱咐我学习中若有问题多多问他。只是我当时年少懵懂，面对严师般的祖父，更紧张得提不出什么像样的问题。记得有一天晚上，我将下午在中文大学图书馆看到十四经的事告诉他，问："只知道有《十三经注疏》，怎么刚才在图书馆看到有'十四经'的说法呢？十四经是什么？"他沉默了一会儿，有点生气地说："这不是问题。中国传统就讲十三经，你不要管现代那些巧立名目的新说法，要好好地、老老实实地读中国古人世世代代都读的书。"虽然是个不像样的问题，但从祖父的回答中，我也记取了"老老实实读中国人世世代代都读的书"的教诲。

7月4日到8月6日，三代人共处的一个月，真是既慢又快。血浓于水，亲情是绝对的，而时代造成的客观隔绝，毕竟增加了亲情交融的张力和紧张度。对于父辈和我们孙辈来说，长期在自由的家庭氛围中"解放"惯了，突然面对这样一位德高望重、犹如严师般的父祖，小学生般地不断接受教训，还有不断的两岸对话和接受批评，委实会觉得"庭训"时间的难挨。而要填补和弥合两代人这三十年来观念、意识、情感方式上的鸿沟隙缝，这三十三天的相聚，又实在是太短太短！

分别的时间到了，为了避免我们六人一走，祖父一个人在人去楼空的会友楼内落寞伤怀，台湾祖母细心周到，两批人同时离开新亚书院住地，他们先目送我们离开，随后即赶往机场回台湾。

终于走近大山，在领略其巍峨的身躯、庄严的仪态、丰富多彩的植被以外，对于其蕴含着的博大精深的山中宝藏，我懂得多少？在离开祖父的岁月里，我需要花费多少的岁月精力，才能无愧拥有这样大山般的先祖，无愧这一个月的庭训亲炙？

5

在香港的一个月中，中文大学新亚书院、教职工联谊会、校友会或一些学生个人，先后分别组织了大大小小的许多次聚会宴饮、外出参观游览等活动。我们家属也陪侍祖父参与其间，看到几代学生们对老师的敬重，看到师生间或严肃或欢快的对话和回忆，也从侧面帮助我们了解自己的父祖，了解在分离的三十年间，祖父在进行怎样的事业，过着什么样的生活。一次次活动，一次次留下许多印象，深受教益，很有收获。

有一次的活动是，特别安排一天，带我们家属去参观新亚书院早年的校舍以及祖父当年在港的旧居。祖父当年到香港办学，真是"手空空，无一物"。新亚书院开始时的校舍是租借一所中学的三间教室，只在中学放学后的晚间上课，故校名为"亚洲文商夜校"。一年后才在九龙贫民区的桂林街，租下一幢住宅楼中的六"套"房子，而改为日校"新亚书院"，这些房子白天当教室，晚间就成为教职员包括学生的栖身之地。艰难困苦可见一斑。至于祖父早年在港的住处，桂林街校舍"教宿兼顾"，一住就是五六年，到1956年祖父重新结婚成家，才"于九龙钻石山贫民窟租一小楼，两房一厅，面积皆甚小。厅为客室兼书室，一房为卧室，一房贮杂物，置一小桌，兼为餐室"。这就是钻石山旧居。1960年，情况稍微好转，又搬了一次家，就是在沙田乡

· 338 ·

郊半山上的"和风台",这是一个建在一座小山山腰上的二层小楼,可远望海湾,风景宜人,环境幽静,可是每次回家,却需要登上一百七十多级的山路石级。当时祖父已年近七十,他说"因深爱其境",还是决定租住此楼,并在这里一直住到离开香港到台湾去的1967年。

一辆校车,载着大家由桂林路到钻石山,再到沙田和风台,一路参观缅怀。我们大陆去的人,只是一路的陌生、一路地接受种种印象,而新亚的那些早已不年轻的老学生们,则与老师师母深情地回忆往事。曾经的艰苦困乏而能同甘共苦,曾经的物质贫乏而能精神饱满,共同收获了师生间非同一般的人生经历和岁月记忆吧。那首由老学生们一路唱响的新亚校歌,是这份岁月记忆的最好诠释,同时,它又给我以极深的印象,对我深有教育意义。

这歌由祖父作词,全文如下:

山岩岩,海深深,
地博厚,天高明。
人之尊,心之灵,
广大出胸襟,悠久见生成。
珍重珍重,这是我新亚精神。

十万里上下四方,俯仰锦绣,
五千载今来古往,一片光明。
五万万神明子孙,

东海西海南海北海有圣人。

珍重珍重，这是我新亚精神。

手空空，无一物，

路遥遥，无止境。

乱离中，流浪里，

饿我体肤劳我精。

艰难我奋进，困乏我多情，

千斤担子两肩挑。

趁青春，结队向前行。

珍重珍重，这是我新亚精神。

这首歌，我只是在那天的车上，听新亚校友们一路反复地歌唱。我们家属也像车上的新亚人一样，每人得到一份印有歌词歌曲的橘黄色粉画纸歌片，受着他们热情歌声的熏染，晚间回到新亚书院的寓所，我两个姑姑本来就是唱歌能手，我们就又拿出歌片，回忆着白天的情形，哼唱起来。奇怪的是，与这首《新亚校歌》如此短暂的相遇，却使我在此后的人生岁月中，不断地回想起它来，铿锵有力，回荡不已。如今写到这里，那"山岩岩，海深深，地博厚，天高明。……珍重珍重，这是我新亚精神"的旋律，犹清晰如在耳边。

6

我也想借此机会，写一点关于我祖母的回忆。

我的祖母姓张，名一贯，江苏苏州人。1901年出身在苏州一个中产阶级的家庭，她的堂兄张一麐曾任袁世凯内阁教育总长、总统府秘书长，袁世凯策动帝制，他返回苏州蛰居；"九一八"之后，与云南李根源共同发起创立"老子军"，矢志抗日，为海内人士敬重，时有"吴下二老（仲老、印老）"之誉。祖母是接受了新式教育的城市职业妇女，时任小学教师职，1929年经人介绍，与一年前遭遇子丧妻殁的祖父结婚，当时她二十八岁，祖父三十五岁。

祖母与祖父共育有四男二女，除第四子早夭，其余五人均在祖母的抚养下长大成人。与祖父结婚次年，祖母即离职随夫往北平，祖父时任燕京大学、北京大学、清华大学等处教职，祖母则开始玩璋弄瓦，初为人母，伯父、父亲、叔叔、大姑相继在北平出生（见书中照片）。可惜这样稳定和美的生活，因1937年"卢沟桥事变"而中断。由于北京大学等校内迁，祖父只身随校南下，辗转至云南蒙自，继续在西南联大任职。祖母携幼子们则仍留北平，本来准备稍后再伺机择路西行，到西南联大与祖父会合的。未料战事不断扩大，行路维艰，加之联大的情况也是十分困难，终于未能如愿成行。1939年，祖母带了依次为八岁、七岁、六岁、三岁的四个孩子，由北平退回故乡苏州。父亲说，记得到苏州那年，他读小学三年级。七岁的孩子三年级，是因为几个孩子都很聪明，都曾多次跳级，用三四年就读完了小学。不久，祖父曾一度回苏暂住，陪侍从无锡接来苏州的太祖母共同生活，一年后，祖父又只身返回大西南，后来，小姑姑出生，太祖母病逝，他都没有在家。只是书信中给我的小姑姑，取名"晦"。在那个风雨如晦的年代，有多少个家庭遭受着这样的妻离子散啊。

抗战胜利后，祖父先是仍在成都、昆明等地任教，后来回到江南，在太湖之滨的无锡江南大学任教，祖母与儿女们则一直仍住在苏州。

1949年春，祖父匆匆南下，应聘广州私立华侨大学，继而香港、台湾，一步步远离大陆家乡，在异乡的天空下继续他的工作事业——传承中国历史文化之命脉！

算起来，祖母与祖父一起实际的家庭生活，就是结婚到1937年北大内迁的八年间。更多的是长久的海天相隔，音讯难通，更有"文革"期间她本人及儿女们因祖父而受到的牵连。这真是时代带来的个人与家庭的不幸。

不幸还不仅仅于此，上世纪50年代初，祖母突发脑溢血，抢救、治疗后，成为右手、右腿半身不遂的不自由身。这一年，她才五十一岁。在上下一片热诚于革命事业的年代里，投身工作，藉以寄托精神情感的祖母，却又不得不辞去小学校长之职，退居家中。她开始练习拄着拐杖行走，以及从事一切力所能及的事务。在我小时候的印象中，她从不是一个不自由身，她能够用一只左手捏毛巾洗脸，用一只左手端茶倒水，握勺吃饭，用一只左手写字翻书，等等。另有一个姓沈的女佣，长年帮衬她的生活。祖母便在有限的空间里，更开拓出另一番不失生机活泼的人生天地。

是的，祖母从没有无奈的叹息，相反总是安详、乐观，给人可信赖的感觉。她以自己乐观坚定的态度，独立带大了五个儿女，使他们拥有快乐温馨的少年时代，且都接受了在当时力所能及的良好教育，继而拥有自己的事业和家庭。五个儿女，三个上了大学的，后来大伯成为苏州大学教授，叔叔、大姑成为清华大学教授，我父亲和小姑分别在苏州的中学和小学做老师。在我眼中，他们都是敬业乐群、事业有成、充满生活情趣的长辈。

祖母病逝于1978年，两年后的1980年，父辈们首度赴港与祖父聚首，这一天她没有等到。自从在1967年"文革"中与祖父中断了书信联系后，真正是音息全无，又过了十一年，她甚至不知祖父是否还存活在这个世上，便匆匆地自己先去了那遥远的地方。

近几年与两个姑姑聊起家事，最令姑姑们感叹怀念的，是祖母默默承受一切的毅力和永远给予的慈爱。姑姑说：50年代中期，祖母刚病残不久，有一次家里大搬家，即从抗战时居住的苏州耦园，搬迁至后来长期居住的王洗马巷26号，那时兄妹们其实还都在苏州，她怎么就不动声色地安排了一切？过了一个周末，我们就到了新的家了。很多事情就都是这样，她独自安排，默默承担，尽量不给儿女们添加麻烦和拖累！

是的，在漫长的独立支撑的岁月里，她以一个残疾之身，先是养育儿女，继而送儿女一个个飞离爱巢，远去读书，甚至在外任教，加之我伯父、父亲的被迫下放苏北，小姑也到了南京郊县工作，本来应该有人照顾的她，却只剩得一个人在苏州老家生活。而她没有过一句对儿女的挽留阻拖之意，更以胜任乐观的态度，给予儿女无条件的支持和慈爱。

姑姑更说：现在想想，我们真是不懂事啊，只顾了自己的所谓事业前程了，不懂得体会妈妈的心。现在"子欲养而亲不在"，真是追悔莫及，深心哀之。

"子欲养而亲不在"，在父辈他们心里，不仅是对母亲的愧疚，对于早早离世、无缘亲见"文革"后家庭变化的母亲的遗憾；也是对父亲的抱憾，对晚年终于得以相聚，却又随即必须离别，不能稍尽儿女之孝的抱憾。

祖父自六十多岁以来，每年新春都自撰春联，以记岁时心绪。1975 年是他八十寿辰，其自撰春联为：

回忆八十年沧桑 家乘国步说不尽

常抱千万种心事 思今怀古念无穷

回顾百年来的中国，个人家庭也好，民族国家也好，都不免在社会历史的洪流巨浪中颠簸逶迤前行。纵使尘世无常，终究天道好还，历史人文幸能绵延，生命仍然充实光辉。"说不尽，念无穷"，谨借此联，结束本文。

二○一一年七月十四日